基金项目：山东省自然科学基金项目（ZR2022QG050）

"双碳"背景下
能源转型对经济增长质量的
影响及对策研究

"SHUANGTAN" BEIJINGXIA
NENGYUAN ZHUANXING DUI JINGJI ZENGZHANG ZHILIANG DE
YINGXIANG JI DUICE YANJIU

韩冬日　著

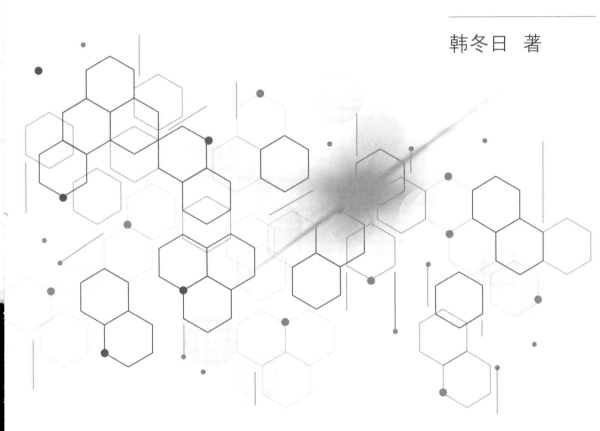

中国财经出版传媒集团
经济科学出版社
Economic Science Press
·北京·

图书在版编目（CIP）数据

"双碳"背景下能源转型对经济增长质量的影响及对策研究／韩冬日著. -- 北京：经济科学出版社，2023.12

ISBN 978 - 7 - 5218 - 5269 - 1

Ⅰ.①双… Ⅱ.①韩… Ⅲ.①能源经济 - 影响 - 中国经济 - 经济增长质量 - 研究 Ⅳ.①F124

中国国家版本馆 CIP 数据核字（2023）第 197836 号

责任编辑：周胜婷
责任校对：杨　海
责任印制：张佳裕

"双碳"背景下能源转型对经济增长质量的影响及对策研究
"SHUANGTAN" BEIJINGXIA NENGYUAN ZHUANXING DUI JINGJI
ZENGZHANG ZHILIANG DE YINGXIANG JI DUICE YANJIU

韩冬日　著
经济科学出版社出版、发行　新华书店经销
社址：北京市海淀区阜成路甲 28 号　邮编：100142
总编部电话：010 - 88191217　发行部电话：010 - 88191522
网址：www. esp. com. cn
电子邮箱：esp@ esp. com. cn
天猫网店：经济科学出版社旗舰店
网址：http://jjkxcbs. tmall. com
固安华明印业有限公司印装
710 × 1000　16 开　15 印张　230000 字
2023 年 12 月第 1 版　2023 年 12 月第 1 次印刷
ISBN 978 - 7 - 5218 - 5269 - 1　定价：78.00 元
（图书出现印装问题，本社负责调换。电话：010 - 88191545）
（版权所有　侵权必究　打击盗版　举报热线：010 - 88191661
QQ：2242791300　营销中心电话：010 - 88191537
电子邮箱：dbts@ esp. com. cn）

前　　言

我国经济发展面临着越来越严重的"能源依赖",长期以来以化石能源为主的能源结构、低效的能源利用均对经济社会的可持续发展造成了严峻挑战。我国政府向国际社会公开承诺力争于 2030 年实现"碳达峰"、2060 年实现"碳中和"。在国内经济社会发展中,我国政府也在不断深化落实能源可持续发展的理念。党的十九大报告将能源转型提升到国家发展战略的高度,《中华人民共和国国民经济和社会发展第十四个五年规划和 2035 年远景目标纲要》中明确提出推动能源清洁、低碳、安全、高效利用的战略要求,彰显出政府高层推进能源改革的决心。能源转型发展,尤其是能源转型已经成为我国实现高质量发展的重要研究课题。本书在对国内外相关研究进行总结的基础上,以经济增长理论、可持续发展理论、外部性理论等为依据,基于扎根理论分析方法探究我国能源转型路径,运用门槛回归分析方法、空间计量经济学分析方法、面板数据模型等方法,探究了能源转型对经济增长质量的影响作用效果,并利用规划建模与仿真分析方法,仿真研究能源转型对经济增长质量的影响,基于研究结论,提出了基于能源转型促进经济增长质量提升的对策。

首先,本书结合国内外研究,界定了能源转型和经济增长质量的概念。基于扎根理论研究方法,本书探究了我国能源转型的具体路径,包括:旨在推动能源结构调整的能源结构转型;旨在促进能源技术创新的能源技术转型;以及旨在提供制度保障的能源政策转型。同时,本书将生态足迹纳入经济增长质量综合评价体系,利用超效率 SBM 模型测算了地区经济增长质量。在此基础上,依据相关理论,构建了能源转型驱动经济增长质量提升的总体研究框架。

其次，本书基于经济增长理论、可持续发展理论、外部性理论等分析了能源结构转型、能源技术转型、能源政策转型等对经济增长质量提升的影响机理。本书运用门槛回归分析模型，明晰了能源结构转型与经济增长质量之间的复杂非线性关系；运用空间计量分析方法，厘清了能源技术转型对经济增长质量的空间影响；运用面板数据模型，阐明了能源政策转型对经济增长质量影响的政策效力和政策时效性。

再其次，本书运用规划建模与仿真分析方法，根据能源结构转型、能源技术转型、能源政策转型等对经济增长质量的差异化影响作用，并基于三种能源转型路径的不同组合，仿真分析了 2020～2030 年与 2030～2050 年全国层面上能源转型对经济增长质量影响的动态效应，逐步探讨并甄别出更为有效的能源转型路径组合，进而为具备不同发展条件的地区提供能源转型发展方向与借鉴。

最后，根据研究结论，立足我国能源转型和经济增长质量提升的目标要求，从能源结构优化、能源技术进步和能源政策保障三个方面提出了基于能源转型促进经济增长质量提升的对策。

目 录

第 1 章

绪　　论

1.1　本书研究的背景、目的和意义

1.1.1　本书研究背景

改革开放 40 年多来，我国经济创造了"世界奇迹"，国内生产总值从 1978 年的 3678.7 亿元增长到 2020 年突破 100 万亿元大关，名义 GDP 平均年增长率为 13.97%[①]。根据世界银行的数据，以 2010 年不变价美元计算，我国经济总量从 2009 年起跃居世界第二位，并一直保持至今。然而，总体上，我国经济增长却表现出"高数量、低质量、低效益"的特征，经济发展也面临着人口红利和成本优势的衰竭、资源约束、环境污染、经济增长速度明显放缓等结构性问题。经济发展进入"新常态"阶段，要素投入驱动的粗放型经济增长方式亟待转型，促进经济健康可持续发展的具体内核在于提升经济增长质量[1]。党的十九大报告提出，我国经济已由高速

---

① 资料来源于历年的《中国统计年鉴》。

增长阶段转向高质量发展阶段。这意味着我国经济发展要进行一场质量变革，告别粗放的高速增长，进入新常态下中高速的经济增长质量提升阶段。

高质量的经济增长需要高质量能源体系支撑[2]。然而，我国较快的经济增长速度和经济规模总量的扩张是以大量的生产要素投入为基础的，特别是能源要素的投入。当前，我国经济发展仍处于以高污染、高排放、高耗能为标志的能源驱动阶段。2019 年，我国煤炭消费总量为 18.21×10^8 t 油当量，占能源消费总量的比例高达 57.7%，相较于全球平均水平，高出 34 个百分点，油气对外依存度高达 62.8%，能源体系呈现"总量大、不清洁、不安全"的结构特点[3]。过度的化石能源消费造成了一系列的环境问题，成为经济安全性和社会稳定性的潜在威胁。环境保护与资源安全问题关乎人类社会的可持续发展。截至 2020 年 12 月，全球 195 个主权国家中已有 187 个国家成为《巴黎协定》的缔约方。以国际能源署、联合国环境规划署和世界气象组织为代表的国际组织积极推动全球能源领域的对话和合作，逐步建立全球协作机制；欧盟、中国和日本相继提出将采取更加有力的政策和措施，实现大气圈中碳"净零"富集和能源利用的"碳中和"目标。我国作为世界上最大的能源生产国、消费国和碳排放国，应该比其他发展中国家承担更多的责任，甚至成为一个领导者[4]。

2020 年 9 月 22 日，习近平主席在第七十五届联合国大会一般性辩论上指出，我国一直致力于全球环境保护事业，并提出将采取更为有效的政策和措施，提高国家自主贡献力度，争取在 2060 年前实现"碳中和"。这是我国向全球首次明确实现"碳中和"的时间点，也是迄今为止各国中作出的力度最大的减少全球变暖预期的气候承诺[5]。我国的这一承诺受到了广泛而积极的欢迎，欧盟赞扬我国为推动疫情后世界经济"绿色复苏"在碳减排和可持续发展方面的努力。2021 年 3 月 15 日，习近平主席主持召开中央财经委员会第九次会议，研究促进实现"碳达峰""碳中和"的基本思路和主要举措，强调"碳中和"是一场广泛而深刻的经济社会系统性变革，提出要以能源绿色低碳发展为关键，控制化石能源消费总量，着力提高能源利用效能，促进能源体系向低碳可持续化转型。由此，实现能源转型和低碳发展成为现阶段我国重要的发展战略之一，能源革命正加速推进，"能源转型"已上升到国家战略层面[6]。

经济高质量发展阶段，我国要继续深化落实可持续发展理念，在全球生态保护活动中承担大国责任，也要促进经济持续向好发展[7]。由此，我国面临着两难的选择：一方面，促进经济增长需要增加能源投入，而这会加剧我国的能源危机，进一步对生态建设产生不利影响[8]；另一方面，保护生态环境需要发展清洁能源，提高用能效率，相关技术研发和能源建设会增加用能成本，造成一定的经济代价，影响经济发展[9]。我国应该怎样释重，解决能源转型与经济增长质量提升之间的尖锐矛盾，成为我国新经济发展和绿色生态经济建设的重要举措[10,11]。

然而，现有关于能源转型的研究，多数将能源转型单纯理解为能源结构调整，忽视了能源转型路径的多样性特征[12,13]。同时，对能源转型需要与经济发展阶段相契合的重要性认识不足；对于何种能源转型路径所带来的经济成本和环境成本能够被经济系统消纳包容，并促进经济增长质量提升还需进一步探讨。因此，本书认为，根据能源转型和经济增长质量发展的现实水平，探究能源转型与经济增长质量之间的关系模型，分析能源转型的具体路径对经济增长质量的差异化影响效应，是我国能源革命长期战略规划需要解决的重要课题。这对于我国深化供给侧结构性改革，推动绿色生态经济建设具有重要意义，也是支撑我国实现习近平总书记提出的"2060 年碳中和"庄严承诺的重要基础保障。

1.1.2 本书研究目的

在经济增长由粗放型向集约型转变的高质量发展阶段，经济低碳发展需要清洁化的能源体系支撑，能源转型是实现经济增长、质量提升和可持续发展的内在需求。本书以充分发挥能源转型对于经济增长质量的促进作用为主要目的，结合国内外研究，以经济增长理论、可持续发展理论等为基础，利用质性研究解析能源转型和经济增长质量的内容，识别能源转型的具体路径，即，旨在推动能源结构优化的"能源结构转型"、旨在促进用能技术进步的"能源技术转型"和旨在提供制度性保障的"能源政策转型"三条路径；利用实证研究分析方法揭示能源转型的三种路径对经济增长质量的差异化影响作用，并对能源转型对经济增长质量的动态影响效应进行仿真研究；以期为我国依靠能源转型促进经济增长和质量提升提供途径和方式，为政府部门制定相关政策法规和管理制度提供依据，进而加速实现"碳达峰"和"碳中和"等远景目标。

1.1.3　本书研究意义

1.1.3.1　理论意义

首先，本书扩展了能源转型研究内容，完善了能源转型理论。多数已有研究将能源转型理解为能源结构调整，忽视了能源转型的多样性特征，本书通过扎根理论研究，提出了能源转型的三条路径，即能源结构转型、能源技术转型和能源政策转型。其次，本书丰富了经济增长质量评价相关内容，深化了生态学与经济学的交叉融合。在借鉴已有研究考虑经济增长的数量特征和环境效应的基础上，本书通过将生态足迹引入经济增长质量评价体系，根据生态投入对经济增长的贡献作用，构建评价指标体系，科学评价经济增长质量水平；再其次，本书丰富和拓展了经济增长质量的理论研究，进一步深化了对经济增长理论的理解，并建立了影响经济增长质量提升的前因变量，基于能源转型的三条路径展开分析各因素的影响作用；最后，本书通过能源转型对经济增长质量影响的仿真研究，丰富了复杂系统科学、演化经济学的相关理论，使理论研究与能源革命的发展趋势相契合。总体上，本书为深入理解能源转型对经济增长质量影响的相关研究提供了新的理论视角，对丰富能源管理学科研究内容具有理论意义。

1.1.3.2　实践意义

一方面，随着我国人口红利的丧失和资本边际报酬的下降，要素驱动的粗放型经济增长方式难以为继，促进经济增长方式由粗放的数量型增长向集约的质量型增长方式转变，是我国适应"新常态"阶段经济发展的必由之路。后疫情时代，全球经济形势波诡云谲，促进经济增长质量提升有助于推动经济社会发展绿色转型，是我国在全面建成小康社会基础上，实现"十四五"规划目标和经济社会可持续发展的重要举措。

另一方面，作为世界上最大的能源消费国和二氧化碳排放国，我国是实现《巴黎协定》和"碳中和"目标的中坚力量。我国推进能源转型发展，有助于全球能源消费由以石油为主导的能源结构向多元化能源结构转变，加快构建包括煤炭、石油、天然气、核能、非化石能源等多能互补的能源供应体系；有助于推动能源产业链的重组、重构，深化能源供给侧结构性改革，引领能源产业实现跨越发展；有助于促进能源可持续发展政策整体性规划，并从根本上助力能源平衡，实现能源利用与碳循环系统"碳中和"。

1.2　国内外研究现状

国内外相关学者对能源转型和经济增长质量的相关理论进行了深入探讨，并辅助以大量的实证。为了更好地对后续相关章节的内容进行研究，并对与本书研究内容的相关理论和观点进行回顾、总结和评析，本书运用 Vosviewer1.6.11 以及 Citespace5.5R2 文献计量可视化软件，梳理了本书核心变量（能源转型、经济增长质量）的国内外研究进展，设定关键词频次阈值为 5，分别在 Web of science 数据库与中国知网数据库进行检索。其中，通过对 Web of science 数据库进行关键词和主题词的检索，分别得到 754 篇有关能源转型的有效样本和 123 篇有关经济增长质量的有效样本；通过对中国知网数据库进行关键词和主题词的检索，分别得到 168 篇有关能源转型的有效样本和701篇有关经济增长质量的有效样本。本书将基于以上文献，梳理能源转型、经济增长质量的国内外研究进展，并对其研究现状进行相应述评。

1.2.1 国外研究现状

1.2.1.1 能源转型的相关研究

通过对国外相关文献进行可视化分析，得到如图1.1所示的聚类图谱。

国外对于能源转型的相关研究主要聚焦于以能源消费为核心的能源转型相关理论、能源结构升级问题以及能源转型路径。（1）能源转型的相关理论研究。有关能源转型概念界定及理论基础研究主要包括两个方面，一是基于传统化石能源内部的能源结构的变迁，另一种是由传统化石能源向清洁能源的转变。基于不同角度，学者们对于能源转型的历程也持有不同的观点。（2）能源结构升级问题。在这一类团中，包含的关键词有煤炭、化石能源、清洁能源、新能源等能源种类的关键词。对于能源结构的转型升级已经成为学者们探讨能源转型问题中一个典型的关注点，许多学者在将能源转型概念的量化过程中，使用能源结构变化进行表征。（3）能源转型的影响路径。能源转型的最终目标是实现可再生能源的综合利用与可持续发展，在此过程中，能源结构的清洁化转变是能源转型的预期成果，技术驱动是支撑能源变革的根本要素，而能源制度变迁则是推动能源体系以及能源系统整体演化的有效措施。

1. 能源转型的概念

在学术界，"能源转型"一词最早出现于1982年德国应用生态学研究所出版的《能源转型：没有石油与铀的增长与繁荣》报告中，该报告倡议发展可再生能源以替代石油和核能，并将加强可再生能源应用与提高能源效率作为能源转型的定义[14,15]。2014年，世界能源理事会（World Energy Council）对能源转型进行了明确的定义：能源转型指能源体系的基本结构

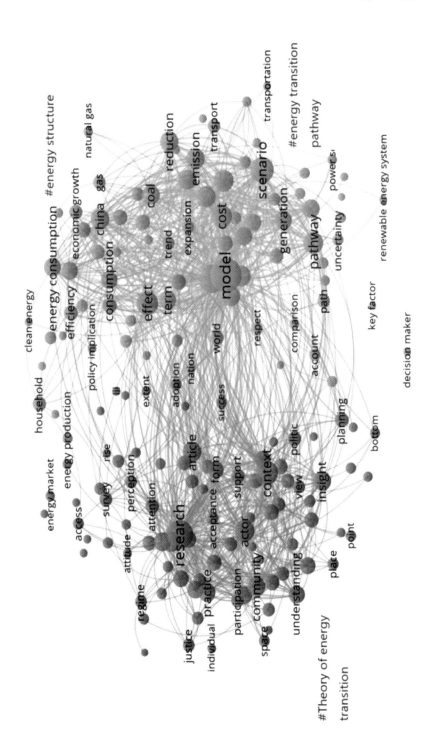

图 1.1　国外有关能源转型主题的关键词聚类图

发生根本性改变，同时建议从能源安全、能源可支付性和环保能源供应三个维度对各个国家的能源可持续性进行评价。

尽管学者们对于能源转型概念的提出与研究起步较晚，但能源转型始终贯穿于人类社会经济的发展历史，并且能源转型的过程是渐进且长期的[16,17]。波多布尼克（Podobnik，2006）指出，能源转型是由新技术推动，以主导能源替代为主要特征的能源消费结构变化的过程[18]。格鲁布勒（Grubler，2008）认为，能源转型指的是能源消费结构、能源消费总量和能源强度等发生的重要变化[19]。斯米尔（Smil，2010）提出，能源转型由能量原动机推动，以能源结构变化为主要特征，主要形式包括能源构成的变化和能源效率的提升[20]。罗伯特·海夫纳三世（2013）基于能源状态变化，提出人类用能史上共经历了从固体能源到液体能源再到气体能源的两次能源转型[21]。格赖斯伯格（Greisberger，2015）指出能源转型是由以高碳化石能源为主导能源的能源体系向以低碳非化石能源为主导的能源体系变革的过程[22]。斯米尔（Smil，2019）利用具体的比值提出了能源转型开始和完成的标志，当新能源占比超过 5% 时，意味着能源转型开始，当新能源占比超过 50% 时，则意味着能源转型完成[23]。

根据学者们和世界能源理事会的定义，能源转型的基本特征是能源消费结构的变化，并涉及能源体系变革、能源安全、能源系统等方面的内容。

2. 能源转型的路径

在国外文献研究中，能源转型的基本路径主要表现在以下三个方面：

（1）关于国际合作方面。韦邦和吉尔斯（Verbong & Geels，2007）以荷兰电力系统转型实际情况为例，指出始于 20 世纪六七十年代的能源转型最初是由自由化和欧洲化推动的，在未来能源转型活动中，需要进一步加强国家间的合作[24]。布里奇（Bridge，2013）通过对"能源转型地理：安全、气候、治理"系列研讨会内容的概述，提出能源转型是一个涉及各国经济发展、社会稳定和资源配置的复杂过程，各国应通力合作，加快能源转型步伐[25]。贝尔（Bell，2020）指出全球经济一体化背景下，各国应该致力于加强国家之间的投资、创新和技术革新等方面的合作，尤其是在能源供给和能源技术创新方面共同推动能源转型，进而为减缓全球气候挑战作出贡献[26]。

（2）关于能源结构转型方面。为了促进能源转型，学者们提出利用清洁可再生能源替代高碳能源，促进能源消费结构的清洁化转型。例如，基于情境分析，罗斯等（Rose et al，2014）通过预测2050年和2100年生物能源在一次能源消费中的占比，提出生物能源在未来能源转型及气候变化管理中具有重要作用，生物能源具有显著的环境正外部性，对减缓气候变化和降低宏观经济成本具有重大影响[27]。潘勋章等（Pan et al，2017）提出推动非化石能源消费对于实现中国节能减排的国际承诺至关重要，并预测到2050年和2100年，中国非化石能源消费将占一次能源消费总量的70%和85%，将在较大程度上推动中国经济高质量发展[28]。吉伦等（Gielen et al，2019）提出，可再生能源可以提供全球能源需求总量的2/3，利用可再生能源替代化石能源消费，可以有效缓解能源供给紧张局面，推动能源低碳发展，是能源转型的重要因素[29]。

（3）关于用能技术进步方面。蔡一勇等（Cai et al，2015）提出，采用核能、风能、太阳能以及碳捕获和储存等清洁电力技术，可以促进能源消费与碳足迹脱钩，使得在全球高水平的能源消费情况下，实现经济可持续发展[30]。洛斯克（Loske，2017）提出，为了推动能源转型，应该充分利用云计算、人工智能、物联网等信息通信技术，促进高效化、智能化的能源体系建设[31]。吉伦等（Gielen et al，2019）指出，提高能源效率和加快可再生能源技术创新发展是促进能源转型的核心要素，尤其是风能和太阳能光伏技术的开发和应用对于加速能源转型进程至关重要[29]。

3. 能源转型的动因

能源转型有多种驱动因素，综合来看，主要可以将能源转型的驱动力分为三类：技术支持、经济指导及制度保障。

首先，技术支持作为能源转型的根本驱动力，促进了能源供给和终端技术进步。斯米尔（Smil，2008）认为，能源转型是"原动机"驱动引起的能源结构的变化，能源转型是人类更高效地利用能量"原动机"的结果[32]。斯文森等（Svensson et al，2020）也指出，随着用能技术的不断进步，可再生能源的使用成本不断降低，利用方式也更加多样化，太阳能发电和风力发电成为清洁电力的重要来源，生物质燃料则逐渐由直接燃料向液体燃料转变[33]。

其次，经济指导是能源转型的根本保障。奥德斯等（Oudes et al，2018）认为，经济衰退是能源可持续转型的主要驱动诱因[34]。希尔（Heal，2022）提出，由于电力消耗巨大，依靠能源转型促进经济脱碳，其重要举措在于电气化，即：利用电力取代化石燃料，推动电力成本下降是能源转型的根本途径[35]。

最后，制度保障是能源转型的推动要素。韦邦和吉尔斯（Verbong & Geels，2007）使用社会技术和多层次理论，分析推动和阻碍可再生能源选择的技术发展、规则变动和社会网络，并发现主导 20 世纪六七十年代能源转型的因素是开放化和欧洲化[24]。博尔威格等（Bolwig et al，2011）通过构建能源转型路径分析的系统动力学概念模型，提出制度保障是推动能源转型的重要因素[36]。范登伯格（Van den Bergh，2013）指出，能源转型对于全球经济可持续发展具有重要意义，而推动能源转型是需要较大经济成本和前沿技术支持的，这就需要政府给予相应的财政和税收等方面的支持[37]。

1.2.1.2 经济增长质量的相关研究

关于经济增长质量的关键词聚类图谱如图 1.2 所示。

总体上，研究聚焦于五个类团——经济增长数量、经济发展水平、经济增长影响因素、纳入环境因素的经济发展效率分析以及经济增长质量国际比较。对于经济增长质量的理论研究及界定与经济增长质量的影响因素研究类团更加聚集且中心性更强，这表明国外学者们对影响经济增长质量相关因素的研究以及经济增长质量理论研究更为突出。在经济增长质量的量化研究中，国外学者们大多基于微观角度对投入产出的效率问题进行研究，并且将有关二氧化碳排放、环境污染等生态环境问题纳入经济增长质量的研究中；在有关经济增长质量以及全要素生产率的影响因素研究中，学者们对人力资

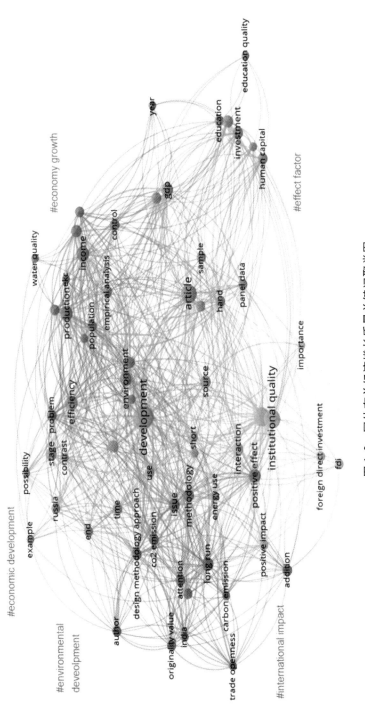

图 1.2 国外有关经济增长质量关键词聚类图

本要素、能源使用、人口问题、产业结构、碳排放问题等较为关注。

1. 经济增长质量的内涵

经济增长通常是指在一个较长的时间跨度上，一个国家人均产出（或人均收入）水平的持续增加[38]。学者们依据古典经济增长理论、内生经济增长理论等理论研究经济增长的相关文献可谓卷帙浩繁。然而，在全球经济蓬勃发展的同时，资源消耗、环境污染等问题接踵而至[39]，而这些负面的经济产出无法被传统经济增长理论解释。经济增长质量的相关研究进入学术视野，学者们开始从经济增长数量研究转向经济增长质量研究，探究增长质量的内涵[40]、评价方法[41]、影响因素[42]等。

卡马耶夫（Kamayev）在《经济增长的速度和质量》一书中率先提出了"经济增长质量"的概念，全面分析了经济增长质量研究对于促进国家经济可持续发展的重要作用，并基于评价指标体系构建和提升策略等视角全面分析了经济增长质量的相关研究问题[43]。巴罗（Barro，2002）在对经济增长数量概念阐述的基础上，提出经济增长质量应该是一种典型的价值判断，基于全面发展的观点，巴罗（Barro，2002）提出经济增长质量应该包含教育水平、居民寿命、社会秩序等方面的规范内容[44]。马尼什（Manish，2013）以印度为例，指出经济增长质量提升是可持续发展的重要指标，并提出政府福利支出、人口出生率、通货膨胀率等因素都对经济增长质量具有影响[41]。博格尔斯戴克等（Beugelsdijk et al，2018）提出欧洲国家经济发展水平存在差异的主要原因在于其全要素生产率的差异[45]。亚尼卡亚和阿尔金（Yanikkaya & Altun，2020）以发展中国家为研究对象，也提出全要素生产率是经济增长质量的重要表征变量[46]。拉扎等（Raza et al，2020）以泰国为例，指出提升经济增长质量的根本在于促进经济—环境—能源协调发展[47]。国际货币基金组织和世界银行指出，经济高质量发展具有可持续的特征，这不仅体现在居民收入增加和生活水平提高等物质财富方面，同时，也需要关注机会公平、精神自由等方面[48]。

2. 经济增长质量的提升路径

经济增长质量设计众多影响因素，可以从多方面促进经济增长质量提升，关于其路径的相关研究，可以大致分为以下两个方面：

一方面，基于"包容性视角"的关于经济增长质量提升路径的研究。例如，基于印度经济发展现实，哈努谢克和沃斯曼（Hanushek & Woessmann，2011）认为，加强基础设施建设，包括农业生产、金融发展、教育和医疗等，是印度实现包容性增长的关键[49]。卡普兰和萨库佐（Kaplan & Saccuzzo，2013）以加纳的经济发展为研究对象，提出"包容性增长"不应该只是国家战略层面的顶层设计，还需要激发全国人民的认同感，并提出了一系列的政策措施以提升经济增长质量[50]。科拉多（Corrado，2017）提出经济增长高质量发展的重要特征在于是否达到公平，而普惠金融市场通过为所有公民，尤其是最边缘化的群体，提供可负担和公平的金融产品，可以为其提供有利的经济机会，是促进经济"包容性增长"的有效工具[51]。阿斯瓦尔（Aswal，2020）提出，经济增长质量涉及法律法规、工业增长、国际贸易、食品安全等方面，推动基础设施建设是促进经济"包容性增长"、推动质量提升的有效方法[52]。

另一方面，基于"可持续发展"视角的关于经济增长质量提升路径的研究。针对单纯以国内生产总值衡量经济发展水平的缺陷，皮特利斯（Pitelis，2013）指出经济可持续发展是更加具有前瞻性的发展方式，政府应该鼓励企业的可持续生产行为，对其进行必要补贴[53]。艾哈迈德（Ahmed，2019）提出，一国经济增长质量水平不仅体现在经济的当期发展情况，更要考虑到国家的千年发展目标，环境保护是促进经济可持续发展的先决条件，并指出，孟加拉国经济可持续发展的挑战主要在于经济增长和环境保护之间的不平衡、规章制度执行力不足、资源配置效率低下等方面[54]。

1.2.1.3 能源转型对经济增长的影响研究

笔者经数据库检索得到有关能源转型与经济增长质量或全要素生产率之间的关系研究文献仅有 14 篇，数量较少。但从经济增长质量与能源转型的独立研究聚类来看，两者在环境问题、经济发展以及要素投入角度均有交叉，其相关研究开始于 20 世纪 70 年代。德内拉·梅多斯的《增长的极限》一书中强调了能源对于经济的影响作用，卡夫（Kraft）等率先将标准因果关系运用到能源与经济的实证分析中。关于能源转型是否会推动经济增长，学者们主要有以下三种观点：

一是能源转型对经济增长具有正向促进作用。马卡基等（Markaki et al，2013）通过对希腊清洁能源建设投资的效益进行分析，提出清洁能源建设投资会使国内生产总值每年增长 94 亿英镑，并将提供超过十万个全职就业岗位[55]。阿伯尔和奥古兹（Alper & Oguz，2016）根据欧盟国家1990 ~ 2009 年数据，利用 ARDL 检验方法，检验了能源转型与经济增长的关系，结果表明能源消费结构清洁化转型有助于经济增长[56]。基于面板数据模型，英格莱西 – 洛茨（Inglesi-Lotz，2016）以 OECD 国家为研究样本，提出能源转型可以显著地促进经济可持续增长[57]。阿米努等（Armeanu et al，2017）利用欧洲 28 个国家的实证分析，证实了英格莱西 – 洛茨（Inglesi-Lotz，2016）的研究结论[58]。阿西杜等（Asiedu et al，2020）对1990 ~ 2018 年 26 个欧洲国家的能源转型与经济增长之间关系进行检验，结果发现两者之间存在长期均衡关系，能源转型对经济增长具有显著的正向影响[59,60]。

二是能源转型对经济增长具有负向抑制作用。纳拉扬（Narayan，2016）证明，未发现能源消费与经济增长之间的正向影响效果存在[61]。沙赫巴兹等（Shahbaz et al，2017）以 1960 ~ 2015 年印度经济发展面板数据为研究样本，将金融发展、资本和劳动力等因素纳入研究模型，基于非线性自回归分布滞后模型，探讨了印度能源消费与经济增长之间的非对称冲击效应，研究结果表明，能源消费与经济增长质量之间存在显著的相关关系，能源转型会抑制经济增长，其主要原因在于与传统能源相比，清洁能源开发利用需要较大的初始成本投入，而且企业需要革新与之配套的生产工艺和设备，会造成企业生产成本增加，市场竞争力下降，进而对经济增长产生负向影响[62]。

三是能源转型与经济增长的关系并不确定。一些学者认为能源转型对经济增长的影响存在地区差异。通过对比在发展中国家和发达国家的可再生能源消费与经济增长之间的关系，欧姆里等（Omri et al，2015）提出在日本、荷兰等发达国家存在可再生能源消费与经济增长之间的单向因果关系[63]。与此相类似，西克德尔等（Sikder et al，2019）学者通过对 G20 国家面板数据的实证分析，提出可再生能源对不同国家经济产出的作用效果不同，在阿根廷、意大利和美国等国家，可再生能源消费可以显著促进经济增长[64]。此外，一些学者指出能源转型对经济增长不存在显著影响。例如，鲍登和佩恩（Bowden & Payne，2010）结合美国的面板数据，提出在商业和工业领域促进清洁能源消费，对经济增长未起到明显的促进作用[65]。基于 1971 ～ 2011 年巴西和马来西亚的数据，德斯特克（Destek，2016）发现清洁能源消费与经济增长之间无明显关系[66]。

1.2.2　国内研究现状

1.2.2.1　能源转型的相关研究

通过对相关文献进行可视化分析，得到国内能源转型研究的高频关键词，如图 1.3 所示。

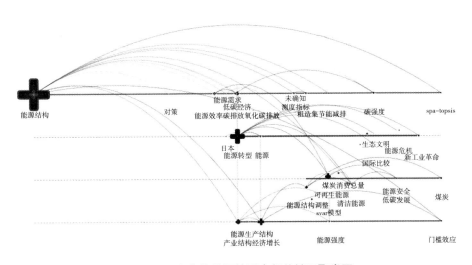

图 1.3　国内有关能源转型高频关键词聚类图

由图 1.3 可知，相较于能源强度，国内学者对于能源转型的研究起步较晚，较早的研究主要集中于 2009 年，将有关能源转型的研究进行总体梳理，可以划分为三类：（1）能源转型与能源结构问题。主要出现的关键词有"能源需求""可再生能源""煤炭消费总量"等。在能源转型的路径中，能源结构的清洁化转型已经成为众多学者们研究的焦点问题。（2）能源转型与低碳发展。可以看到，近 10 年中，学者们对"能源效率""碳强度""低碳经济""门槛效应""生态文明"等方面开展了大量的相关研究，这说明我国对于能源低碳化转型的迫切需求，学者们将能源问题与生态问题、环境问题紧密地联结在一起，探讨有关能源转型的升级路径以及对于外部环境的影响作用。（3）能源转型影响的方法应用。针对于能源转型问题的研究，仅有少量的国内学者运用数理模型进行探究，其中所应用到的具体模型包含了 SVAR 模型、门槛效应模型以及 SPA-TOPSI 等。

1. 能源转型的概念

国内学者对能源转型的概念莫衷一是。朱彤和王蕾（2015）提出，能源转型是能源体系的深刻变革，主要表现为能源消费结构变化，其根本原动力在于能量原动机的推动作用[67]。何建坤（2015）认为，能源转型是由能源系统中主导能源品类变化推动的，主要表现为高碳化石能源向低碳可持续能源的转变[68]。史丹（2017）基于能源结构视角，提出能源转型是能源生产结构和能源消费结构不断变化的过程[69]。顾海兵和张帅（2017）认为，能源转型的根本驱动力在于原动机的出现，在能源转型过程中，能源技术不断革新，能源制度保障不断完善，一次能源消费结构不断优化[70]。王宁（2019）指出，能源转型不仅涉及能源结构调整，也是能源系统发生根本性变革的过程[14]。

基于能源消费与生产结构的角度，学者们对能源转型的历程划分也有一定差异。从传统能源内部的转化来看，赵宏图（2009）认为，人类用能史上共经历了两次能源转型，即从柴薪到煤炭和由煤炭到石油的转变[71]。张海龙（2014）认为，能源转型经历了以下四个阶段的发展过程："柴草与火""煤炭与蒸汽机""石油与内燃机""新能源与可持续发展"[72]。从传统能源内部扩展到非化石能源等清洁能源的转化来看，朱彤和王蕾（2015）也认为能源转型分为两个阶段，但他们提出能源转型的第一阶段是从植物能源向化石能源转变的过程，第二阶段是从化石能源向可再生能源转变的过程[67]。裴广强（2017）认为，能源转型是主导能源不断变化的过程，依次从有机植物型能源向煤炭、石油、天然气过渡[73]。史丹（2017）提出，在世界范围内，主要发生了三次能源转型，主导能源分别由柴薪转变为煤炭，煤炭转变为油气，化石能源转变为可再生能源[69]。吴磊和詹红兵（2018）[74]、王宁（2019）[14]、张萌萌（2019）[75]、邹才能等（2021）[76]均肯定了史丹（2017）的观点。

2. 能源转型的路径

能源转型需要兼顾能源安全、环境约束和经济发展等条件约束[77]，需要综合考量多重目标[78]，进而制定能源转型方案[79]。我国能源转型路径研究主要表现出三个基本特征：第一个基本特征是推动可再生能源发展，并提高非化石能源在能源消费中的比重[80,81]。吴磊（2018）认为，低碳发展和绿色能源利用是能源转型的重点任务，要通过能源技术革命，构建节能减排的先进文化，以促进全球能源的弃碳化和弃石油化转型[82]。第二个基本特征是推动单一的能源结构系统向综合的能源系统转型[83,84]。王伟亮等（2016）提出，综合能源系统是能源互联网的重要物理载体，是探究不同能源内部运行机理、推广能源先进技术的前沿阵地，对于能源系统转型具有重要意义[85]。柳逸月（2017）提出，为了保证能源可持续供应，应该构建煤炭、核电、新能源、可再生能源等多能互补的能源系统[12]。第三个基本特征是强调能源体系变革[72,86]。我国"十三五"规划纲要明确提出，要深入推进能源革命，建设清洁低碳、安全高效的现代能源体系。朱彤和王蕾（2016）在《国家能源转型》一书中提出，能源转型是要促进能源体系的结构性变化，要由能源原动机推动，并伴随能源体系深刻变革的长期过程[67]。

3. 能源转型的动因

随着世界范围内应对气候变化的压力不断增强，我国民众对"节能降耗"和"清洁环保"的呼声日益高涨,推动我国能源体系变革迫在眉睫,能源转型已经上升到国家战略层面[87]。史丹(2016)提出中国能源转型的驱动因素主要包括以下三个方面:对气候变化的科学研究结果得到普遍认识;化石能源的有限性和危害性日益突出;新能源的开发利用技术日趋成熟[78]。这一论点得到了多数学者的支持[6,88,89]。邹才能等(2021)提出,世界能源格局的地域不均衡是世界能源转型的外部驱动力;新能源竞争力逐渐上升是世界能源转型的内部驱动力;以科学创新和技术进步为核心的科技革命是世界能源转型的推动力[76]。

为了实现能源系统转型并走向更加低碳化的能源结构,我国制定并实施了一系列的能源政策[2,90],包括控制化石能源消费的相关政策[91,92]、促进清洁能源发展的相关政策[93]、应对气候变化的相关政策[94]等,加速推动了中国能源转型的进程。刘坚和任东明(2013)研究表明,欧盟的能源转型速度之所以显著高于美国、日本等国,位居世界前列,其很大原因在于完善的能源政策扶持[95]。同时,近年来,煤炭、石油等高碳能源利用带来的废气、废水和废渣所引发的生态危机,也推动了中国能源转型进程[96]。

此外,用能技术进步对于加速我国能源转型进程具有重要意义[97]。清洁煤技术等新型能源技术有助于促进能源效率提升,摆脱能源依赖[98]。储能技术的颠覆性创新为能量储存提供了技术保障[99,100]。新技术的广泛应用,如智能电网[101]、绿色建筑[102]、新能源汽车[103]等均可以助力我国有效应对气候变化和能源安全危机。

1.2.2.2　经济增长质量的相关研究

通过对相关文献进行可视化分析,得到国内经济增长质量研究的高频关键词,如图1.4所示。

根据关键词出现的词频与分类,可以将经济增长质量的相关研究与趋势划分为四类:(1)经济增长质量内涵与外延的探讨。围绕这一主题的关键词主要有"经济增长内涵""劳动生产率""全要素生产率"等,相关

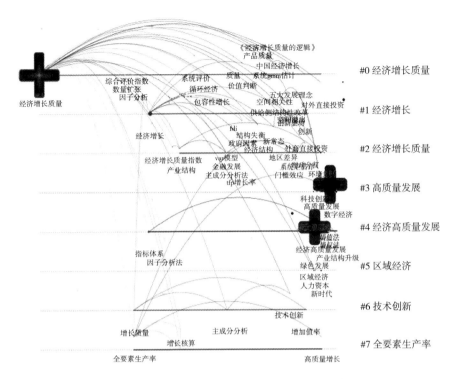

图 1.4 国内有关经济增长质量高频关键词聚类图

研究成果指出经济增长质量不仅包括经济数量的增长，也涵盖了生态绩效和环境保护等方面的内容。（2）经济增长质量的测度与评价研究。基于狭义和广义视角，学者们界定了经济增长质量的概念，并提出了两种测算经济增长质量的方法，一种是基于狭义概念的全要素生产率计算方法，另一种则是基于广义概念的综合评价指标体系法。（3）经济增长质量的影响因素研究。国内学者主要从产业结构转型升级、资源配置效率提升、对外经济贸易合作、金融发展等方面对经济增长质量驱动因素展开研究。在实证方法上，门槛模型、VAR、系统 GMM 估计均是出现频次较高的词汇。（4）促进经济高质量发展的应对策略。在这一主题下，主要包含了"可持续发展""供给侧结构性改革""新常态""经济结构""经济增长质量""创新管理"等高频关键词，强调了"绿色发展"这一基本理念，并为提升绿色全要素生产率提出了新的要求。

1. 经济增长质量的内涵

经济增长质量是在经济增长基础上产生的概念[104]。国内学者对于经济增长质量内涵及理论的研究，是一个较为漫长的过程，且大多是在经济增长数量研究的发展中逐渐演化[105,106]。全面梳理国内关于经济增长质量的研究首先需要从经济增长数量的相关研究入手[107]。改革开放以来，中国经济取得了卓越发展，学者们对于我国经济增长数量的研究主要可以分为如下两个方面。一方面是对西方经济增长理论与我国经济增长适用性的研究。例如，通过构建古典—马克思分析框架的简化模型，李海明（2014）对比我国和其他国家的经济发展数据进行研究发现，在发达资本主义国家和欠发达国家或地区中广泛存在着马克思有偏技术进步，而对于我国经济数据的研究中，否定了新古典总量生产函数和边际生产力理论，揭示了在社会主义市场经济条件下，古典—马克思经济增长模型无法完全有效评价经济增长现实[108]。卞志村和胡恒强（2016）、赵红梅和易卓睿（2019）对菲利普斯曲线的适用性进行了研究[109,110]。在另一方面的研究中，学者们探讨了经济增长的驱动机制。许宪春等（2015）指出，房地产经济在生产、投资和消费领域对国民经济增长具有重要的影响[111]。谢贞发和张玮（2015）利用荟萃回归分析方法对中国财政分权与经济增长之间的关系进行了实证检验，结果表明二者存在显著的影响关系，但具体显著性效应会受到不同因素的影响[112]。基于中国老龄化程度不断提高的现实，陈彦斌等（2019）利用动态一般均衡模型研究了人工智能是否能够有效应对老龄化对经济增长的不利影响[113]。

然而，基于我国经济增长向高质量发展的目标要求，单纯分析经济增长数量已经不足以全面剖析当前多元化的社会变迁与经济增长[114]。国内学者们在对比[115]、演化[116,117]和升级[118]经济增长数量概念的基础上，对经济增长质量的内涵进行了不同角度的解读。根据经济增长质量内涵的广度，目前对于经济增长质量内涵的定义大致可以分为两类：狭义的经济增长质量和广义的经济增长质量。

（1）狭义的经济增长质量。狭义的经济增长质量主要是从投入产出的角度来考虑，以经济增长的效率作为经济增长质量的衡量指标[119,120]。从竞争优劣的角度出发，学者们利用全要素生产率作为经济增长质量的表征变量[121-123]。黄志基和贺灿飞（2013）提出，全要素生产率分析的核心在于考察经济增长的质量[124]。刘文革等（2014）认为，经济飞速发展主要得益于生产要素的积累和投资驱动，并提出利用改进的数据包络分析方法测算全要素生产率增长指数，用以表征经济增长质量[125]。刘建国和张文忠（2014）认为，全要素生产率是衡量科技进步的有效指标，是衡量一个经济体经济增长质量、技术进步、管理效率水平的重要标志[126]。基于循环经济理念和包容增长理念的研究，陈红蕾和覃伟芳（2014）利用 ML 指数和 Hicks-Moorsteen 指数对中国区域包容性全要素生产率进行核算和分析，指出包容性 TFP 更加符合中国经济发展实际[127]。赵可等（2016）利用扩展的索洛模型测算地区全要素生产率，作为经济增长质量的替代变量[128]。林春（2017）认为，促进经济增长质量提升的核心在于提高效率，并提出全要素生产率是衡量经济增长质量的关键指标[122]。

此外，也有学者提出以增加值率和劳动生产率作为度量投入产出效应和经济增长质量的综合指标。沈利生和王恒（2006）、沈利生（2009）的研究结论表明，增加值率是从宏观角度度量一国经济增长质量的综合指标，增加值率的下降就意味着中间投入率的上升，就是投入产出效益在下降，即经济增长质量在下降[129,130]。陈登科和陈诗一（2018）利用劳动生产率即人均产出作为经济发展质量的代替指标，评价了 2004～2013 年 286 个城市的经济发展质量指数[131]。

（2）广义的经济增长质量。学者们认为经济增长质量具有丰富的内涵，对经济增长质量的定义不应该基于某类单一特性[132]，而应该是包罗万象地将经济发展程度、教育水平、生态环境保护、居民幸福感等因素考虑在内，更深层次的经济增长质量包含着更加丰富与复杂的因素[133,134]。

广义的经济增长质量由于外延过于丰富，很难给出确切的概念界定[135]，学者们主要基于不同研究视角，通过构建评价指标体系，利用熵权法、模糊综合评价法、主成分分析法等测算地区经济增长质量。例如，基于模糊综合评价方法，魏婕和任保平（2011）评估了中国经济增长的包容性程度，结果表明，中国实现包容性经济增长需要长期努力[136]。任保平等（2015）提出，经济增长的效率、经济增长的结构与经济增长的稳定性均在经济增长的过程中扮演着重要的角色，而生态环境的代价、福利分配、国民素质作为经济增长的结果和代价更加不能被忽视[137]。钞小静等（2016）从经济增长条件、经济增长过程和经济增长结果三个方面，构建出包含29个基础指标的评价体系，表征经济增长质量的不同维度[138]。曾艺等（2019）也基于此评价体系，对2003～3015年283个城市经济增长质量进行了评价[139]。魏敏和李书昊（2018）从动力机制转变、经济结构优化、开放稳定共享、生态环境和谐、人民生活幸福五个方面，构建了包含30个子指标的评价体系，利用综合指数评价方法测度了各地区的经济增长质量指数[140]。何兴邦（2019）从经济增长效率、产业结构优化程度、绿色发展水平、福利改善程度、经济发展稳定性和收入分配公平性六个方面，构建了包含22个基础指标的评价体系，利用主成分分析法核算了2000～2014年地区经济增长质量[141]。马茹等（2019）从高质量供给、高质量需求、发展效率、经济运行和对外开放五个方面，构建了包含28个基础指标的经济高质量发展评价指标体系[142]。

综合来看，利用全要素生产率表征经济增长质量已经得到理论界的普遍认可[128]。考虑到经济增长质量不仅包含经济效益单一维度，还需要综合考虑环境效益、生态效益，学者们多数通过在传统生产函数中引入能源投入和非期望产出，修正传统生产率测度模型，以此判断国家或者地区的经济可持续发展状况[143]。而且，国际组织（世界银行、经合组织）也经常把全要素生产率的变动作为研究经济增长质量的内容[122]。广义的经济增长质量包含了更多维度，但其外延丰富，现有研究并未出现统一认可的评价指标和评价方法。基于不同研究视角，学者们通过构建不同维度的评价指标体系对经济增长质量进行测度，甚至同一学者在不同阶段也提出具有显著差别的评价指标体系，研究结果均存在一定差异[104,122]。

2. 经济增长质量的提升路径

国内学者对于经济增长质量提升路径的研究，可以分为两个角度：一个是基于微观视角的要素投入角度[106,144]，另一个则是基于宏观视角的产业及经济环境角度[139,145]。此外，在探究具体路径中，不同学者对经济增长质量指标的建立也存在狭义与广义之分[146,147]。基于狭义视角，学者们认为可以利用投入产出效率水平的高低衡量经济增长质量，能够提高投入产出效率的方法即为经济增长质量的提升路径；而广义的视角则大多基于社会、经济、环境生态等多个维度进行综合分析。

（1）基于"投入要素"视角。黄志基和贺灿飞（2013）基于城市面板数据，以制造业为研究对象，探究了创新研发投入与经济增长质量之间的关系，研究结论表明，在我国现有经济体制环境下，创新研发投入有利于城市经济增长质量提升[124]。刘小琴和马树才（2017）对 2000～2015 年战略性新兴产业的面板数据进行实证分析，研究结果证明了产业技术创新与经济增长之间存在着长期的因果关系[148]。

（2）基于"宏观环境"视角。钞小静和薛志欣（2020）在界定新经济的核心概念基础上，提出以新经济推动中国经济高质量发展的可行路径是需要建立"宏观全要素生产率提升—中观产业结构优化—微观企业效率提高"的三维目标导向[149]。基于 2010～2017 年 30 个地区面板数据，张腾等（2020）提出财政分权对于中国经济增长质量的正向影响主要通过三条路径发生驱动作用：全要素生产率与政府行政效率、社会福利水平与成果分配共享、资源利用效率与环境污染[150]。

1.2.2.3 能源转型对经济增长的影响研究

对于能源转型是否可以推动经济增长的观点，学者们基于不同视角进行相关研究，结论莫衷一是。

一些学者的结论是促进论。张优智和党兴华（2014）提出，中国经济发展具有较强的"能源依赖""能源高耗"等特征，煤炭和石油等高碳能源消费是中国经济增长的主要驱动因素[151]。张晓娣和刘学悦（2015）、林伯强和李江龙（2014）均认为，清洁能源发展可以提升可持续发展水平，带动经济增长[152,153]。刘明辉和袁培（2015）也证实，煤炭消费对中国经济的贡献率显著高于其他低碳能源，即中国属于煤炭拉动经济增长的类型[154]。蒋高振（2017）以全球可再生能源吸引力指数排名靠前的34个国家或地区为研究样本，通过实证检验，提出可再生能源消费可以显著地促进经济增长[155]。王文霞（2020）以我国农业发展为研究对象，提出农业能源消费结构优化对农业经济增长具有长期的促进作用，在未来较长时期内，农业经济增长对于能源消费的依赖仍将持续[156]。

相反，另一些学者认为能源转型具有经济代价。赵等（Zhao et al, 2018）利用长期协整检验方法，预测了不同的能源消费结构调整对中国GDP的影响，结果表明，在自然情境下，至2030年，煤炭消费比例将下降至55.22%，石油比重则将下降至12.03%，天然气比重将上升至7.76%，这将使得GDP下降17.75%，并且他们也建议中国政府要充分考虑能源转型可能对经济增长产生的负面效应[157]。徐维祥等（2020）以2003~2017年中国的30个省份为研究样本，提出能源结构清洁化转型无法有效地推动经济增长；可能的原因在于清洁能源开发利用的初始成本较高，需要政府给予财政补贴激励企业利用清洁能源，这会对经济增长造成一定的冲击。同时，考虑到我国粗放型的经济增长方式，工业发展对于能源消费存在路径依赖，改变低效的能源利用方式，需要革新与之配套的生产工业和设备，这都需要付出较大的经济代价[158]。

1.2.3　国内外研究述评

总体上，本书通过梳理国内外能源转型及经济增长的相关研究发现，在经济增长质量研究领域，相关研究成果指出，经济增长质量不仅包括经济数量的增长，也涵盖了生态绩效和环境保护等方面的内容。同时，在能源转型研究领域，当前学者们对能源转型的研究以论述能源消费和能源使用对企业生产、地区经济、生态环境等方面的推动作用为主，探究了能源转型的具体目标、转型动力或政策措施。对于能源转型的具体路径选择，众多学者都强调了能源结构转型和用能技术创新进步两个方面的重要内容。针对各自的研究主题，众多学者采用严谨的论证方法探究了能源使用对经济增长和环境绩效的作用机理。以上研究成果充分肯定了能源转型对于经济社会发展的重要作用，为本书提供了扎实的理论基础和丰富的研究手段。然而，关于新时代背景下如何利用能源转型驱动经济增长质量提升的相关研究尚未引起学者的足够重视，并且有关结合经济发展和生态保护两个方面揭示我国地区经济增长质量水平现状，并对能源转型与经济增长质量的关系进行更加系统、深入的研究，仍有待补充。具体表现为以下四个方面：

（1）关于经济增长质量的评价研究，有必要将生态足迹纳入评价体系中。现有对经济增长质量评价的研究大多关注于劳动力、资本、经济产出等传统变量。事实上，我国经济发展已步入新时代，高质量发展对于经济社会提出了更高的要求，只是单纯地探究如何促进经济产出已经无法满足我国目前的发展目标。本书认为纳入生态足迹对经济增长质量进行准确评价研究是我国高质量发展中亟待解决的基础理论问题。

（2）国内外学者对于能源转型的研究多是探究其与经济增长或环境保护之间的关系。然而，在低碳发展的要求下，经济增长质量的基本特征是兼顾经济效益和环境效益，最终目的在于实现二者的"双赢"。由此产生的主要问题是：能源转型所带来的高成本能否在短期内被经济系统消纳包容，又能否在长期内提高可持续发展水平？单独探究能源转型对其中某一方面的影响作用，对于我国可持续发展的指导意义有限，本书认为应该更加关注能源转型能否促进经济增长质量提升，以及作用强度的大小。

（3）对于能源转型问题，国内外相关研究多数将其简单理解为能源结构调整或者清洁能源发展等单个层面，继而对其动力机制、经济效应和环境效应进行探讨和实证分析。然而，能源转型是一个复杂的系统性过程，不仅包括结构层面的转型，也涉及技术层面、制度层面的变革和发展，现有国内外文献忽视了能源转型路径的多样性特征，未能从能源转型的整体性角度来研究其对经济增长质量的影响。本书认为需要全面分析和研究能源转型的相关路径，并且将每一路径与地区发展实际相关联，以促进对经济增长质量的全面认识。

（4）关于能源转型对经济系统的影响研究，国内外学者多是探究影响作用和影响效果。然而，在可持续发展要求下，能源转型是一个长期的过程，能源转型驱动经济增长质量提升具有动态效应，现有文献忽视了基于经济发展目标对能源发展的仿真研究，以及对能源转型路径的选择问题。另外，能源结构转型、能源技术转型、能源政策转型并不是非此即彼的关系，地区可以综合利用三种转型模型加快转型进程，以此减少无谓损失，推动经济高质量发展。而基于我国经济发展的情景预测，地区政府应该选择何种转型模型，才能够以最小的经济代价，依靠能源转型促进经济增长质量提升，是我国践行国际减排承诺和实现国内经济高质量发展的重点和难点工作。

1.3 本书的研究思路、主要内容和研究方法

1.3.1 本书的研究思路和主要内容

本书按照"发现问题—客观现象剖析—理论分析和实证检验—解决问题"的研究思路，通过梳理和借鉴国内外相关研究成果，界定能源转型和经济增长质量的概念。在此基础上，运用经济增长理论、可持续发展理论、外部性理论等基础理论，对我国能源转型驱动经济增长质量提升的影响作用进行分析。（1）本书实证检验在不同的能源结构转型阶段，能源结构转型对经济增长质量的影响差异，并基于能源强度的门槛作用，探究能源结构转型对经济增长质量的影响作用机制；（2）本书研究能源技术转型与经济增长质量之间的空间异质性关系；（3）本书分析能源政策转型对经济增长质量影响的政策效力和政策时效性；（4）基于动态仿真分析方法，本书对我国能源结构转型、能源技术转型、能源政策转型不同路径组合情

况下影响经济增长质量的动态效应进行仿真研究；（5）在得到相关研究结论的基础上，本书提出了有关基于能源转型促进我国经济增长质量提升的对策，为解决有关能源转型与经济集约化增长的相关管理问题提供理论参考。本书的研究技术路线如图 1.5 所示。

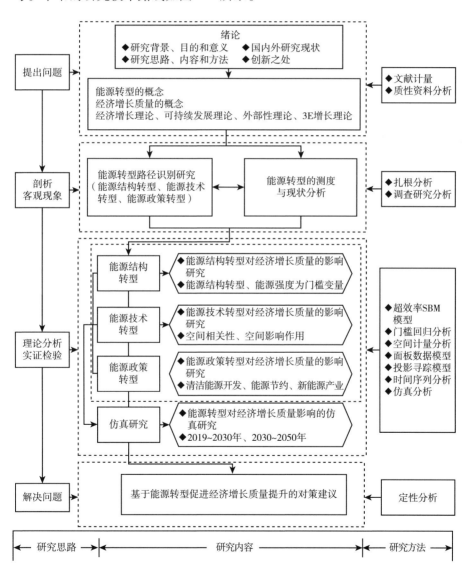

图 1.5 技术路线

本书主要围绕能源转型对经济增长质量的影响展开研究，基于上述研究思路，主要研究内容如下：

第 1 章：绪论。本章首先提出本书研究的背景、目的及意义；利用文献计量分析方法归纳、梳理国内外对能源转型和经济增长质量的研究进展，并进行综合评述。在此基础上，总括本书的研究思路和研究内容，提出本书的研究方法，并指出本书的主要创新之处。

第 2 章：能源转型与经济增长质量相关的理论基础与研究框架。首先，本章界定能源转型、经济增长质量的概念，阐述经济增长理论、可持续发展理论、外部性理论等相关理论；其次，本章运用扎根理论分析方法，探究我国能源转型的具体路径，包括能源结构转型、能源技术转型、能源政策转型；再其次，基于目标导向，对我国能源转型现状进行介绍与分析；最后，分析能源转型对经济增长质量的影响机理，并构建本书的研究框架。

第 3 章：能源结构转型对经济增长质量的影响研究。依据能源路径依赖理论，基于能源结构转型、能源强度的门槛作用，本章构建能源结构转型影响经济增长质量的分析框架，探究在不同能源结构转型阶段和不同的能源强度下，能源结构转型对于经济增长质量的差异性影响，并进行相应的稳健性检验。

第 4 章：能源技术转型对经济增长质量的影响研究。基于能源技术转型的空间溢出特征，本章运用空间计量经济分析方法，探究能源技术转型对经济增长质量的直接影响、间接影响和总体影响，并进行相应的稳健性检验。

第 5 章：能源政策转型对经济增长质量的影响研究。基于目标导向，将能源政策划分为清洁能源开发政策、能源节约政策、新能源产业政策，本章运用面板数据模型探究三类能源政策对经济增长质量的政策效力和政策时效性，并进行相应的稳健性检验。

第 6 章：能源转型对经济增长质量影响的仿真研究。基于第 3 ~ 5 章的研究结论，本章利用规划建模与仿真方法对 2020 ~ 2030 年与 2030 ~ 2050 年，三种不同路径组合作用下的经济增长质量进行仿真研究。

第 7 章：基于能源转型促进经济增长质量提升的对策研究。基于本书的研究结论，分别从结构优化推动能源清洁利用、创新驱动能源技术进步、制度扶持促进能源发展三个方面，提出本书的研究对策。

第 8 章：本书结论与不足。本章总结了全书的研究结论和研究过程中存在的不足，为后续研究提出了方向。

1.3.2　本书的研究方法

本书依据经济学、管理学和生态学等多学科的交叉理论，借鉴国内外最新研究进展，在充分调查和文献研读的基础上，综合使用多种方法展开研究。

1.3.2.1　文献计量研究

针对研究主题，对国内外相关文献进行梳理、归纳和总结，对现有关于能源转型的路径，经济增长质量的概念、维度和测量，以及能源转型与经济增长质量的作用关系等研究，进行了更为深刻的分析。梳理国内外文献有助于发现已有研究的进展和不足，确定本书的切入点，提出待解决的研究问题，为后续研究有关探索能源转型与经济增长质量影响作用的研究奠定了良好的理论基础。

1.3.2.2　扎根理论分析

扎根理论是依据科学系统的操作流程，摒弃先入为主的研究假设和理论依据，基于社会现象和事实材料，将实际问题上升为抽象理论的质化研究方法。本书利用扎根理论分析方法探究了我国能源转型的具体路径。通过对深度访谈，开放式编码、主轴编码、选择性编码和理论模型饱和度检验过程的循环反复，得出我国能源转型的具体路径。

1.3.2.3　门槛回归分析

汉森（Hansen）提出的非线性面板门槛回归模型是从数理统计角度识

别未知变量的数据特征，以"残差平方和最小化"为原则确定门限值，进而避免人为划分门限变量区间带来的偏误，科学可靠地对内生门限效应进行显著性检验的一种计量方法。本书在研究能源结构转型对经济增长质量的影响时，通过构建以能源结构转型和能源强度为调节变量的研究模型，利用门槛回归模型对区域异质性水平下，能源结构转型与经济增长质量的影响关系进行分析。

1.3.2.4 空间计量分析

空间计量模型是基于对地理学思想的吸收，并运用运筹学、计算机技术和统计学等知识来处理空间截面数据和面板数据，研究区域之间经济行为在空间上交互作用（空间自相关与空间异质性）的一种计量方法。目前，普遍的计量方法主要是传统的回归分析方法，大多是对于线性变量之间相互关系的测定，却未考虑地理空间下区域之间的空间关联，使得估计结果具有一定的偏误性。因此，本书采取空间计量模型对经济增长质量的空间相关性进行检验，进而探究能源技术转型对于经济增长质量的空间影响与直接效应、间接效应等空间分解效应。

1.3.2.5 仿真分析

在仿真研究部分，本书采用了仿真分析法。以能源结构转型、能源技术转型、能源政策转型路径组合的基本构成要素为基础，建立能源转型促进经济增长质量提升的仿真模型。采用 Simulink 软件对 2020～2030 年和 2030～2050 年能源转型与经济增长质量间的动态效应进行仿真研究。

1.4 本书创新之处

本书创新之处主要表现在以下五个方面：

（1）识别我国能源转型的具体路径。能源转型在伴随着一次能源主导地位更替的同时，也会涉及技术的更新换代以及利益关系的再调整，同时也表现为长期结构性的制度变化。基于理论解析和扎根理论分析方法，本书认为我国能源转型发展主要依赖于旨在推动结构调整的"能源结构转型"、旨在推动用能技术进步的"能源技术转型"和旨在提供制度性保障的"能源政策转型"三条路径。

（2）揭示能源结构转型对经济增长质量的非线性影响。一方面，伴随着能源结构转型进程的不断推进，非化石能源开发利用高昂的初始成本被均摊，规模效应下，能源结构转型对经济增长质量的提升作用开始显现，在能源结构转型的不同时段，其对于经济增长质量的影响存在显著差异；另一方面，由于我国是典型的高能耗经济体，尤其是中西部地区，在不同的能源依赖水平条件下，能源结构转型对经济增长质量的影响存在显著差异。本书基于地区能源结构转型进程和能源强度，探究能源结构转型对经济增长质量的非线性影响。

（3）明晰能源技术转型对经济增长质量的空间影响。不同于其他基本生产要素，外溢是技术创新的一个重要特征，且创新的外溢效应不单发生在微观的企业、科研院所等层面，也很可能发生在区域之间。随着区域间生产要素流动愈加自由和频繁，区域间的空间关联性也逐渐增强，本书运用空间计量分析模型探究能源技术转型对经济增长质量的空间影响，可以更有效地为区域内和区域间政府利用依靠能源技术转型促进经济增长质量提升提供依据。

（4）阐明能源政策转型对经济增长质量的政策效力和政策时效性。以往研究多数集中探究某一类能源政策对于经济增长或生态环境保护的影响效应，缺乏能源政策整体性的研究。本书基于能源政策目标导向，将能源政策划分为清洁能源开发政策、能源节约政策和新能源产业政策，运用面板数据模型，实证分析其对于经济增长质量的政策效力和政策时效，对于能源政策统筹方案制订和政策组合工具使用具有较强的指导意义。

（5）仿真研究能源转型对经济增长质量影响的动态效应。本书利用规划建模与仿真分析方法，对 2020~2030 年与 2030~2050 年三种不同路径组合作用下的全国层面的经济增长质量提升情况进行仿真研究，进而逐步探讨并甄别出更为有效的能源转型路径，为具备不同发展条件的地区提供能源转型发展方向与借鉴。

第 2 章

能源转型与经济增长质量相关的
理论基础与研究框架

2.1　基本概念界定

2.1.1　能源转型

能源，是指能够提供能量的资源。它为人类生产与生活提供了极大的物质保障，不仅被作为支撑整体经济运行的资源基础，也被视为促进社会可持续发展的关键因素。全世界范围内，有关能源内涵的具体界定存在不同程度的差异。根据《能源百科全书》，能源以一种载能体形式存在，为人类提供所需的各种能量，如光、动力等[159]，通常所说的燃料与动力便是能源的一种存在形式。

在自然界中，能源是以多种形态存在的，并且能够在多种形态中进行转换[160]。根据不同的分类标准，能源可以被分成不同类型（见图 2.1）。从能源取得方式的角度来看，能源可以分为一次能源与二次能源。其中一次能源是指能够保持能量本身存在的形式，从自然界中直接获取的能源，比如石油、天然气等；而二次能源则是在一次能源的基础上经过外力加工转换而形成的能源，例如汽油、柴油等[161]。依据能源资源能否再生，一般将消耗后可得到恢复补充且不产生或极少产生污染物的能源称为可再生能源，例如风能、海洋能等；而在自然界中经过亿万年形成，短期内无法恢复且随着大量开发利用，储量越来越少，直至枯竭的能源被称为非可再生能源，例如核电、煤等[162]。按照能源开发利用状况，一般将现阶段已经大量使用的一次能源称为常规能源；而将在新技术和新材料的基础上系统开发的能源称为新能源[163]。此外，依据能源形成机理，还可将能源分为化石能源和非化石能源。

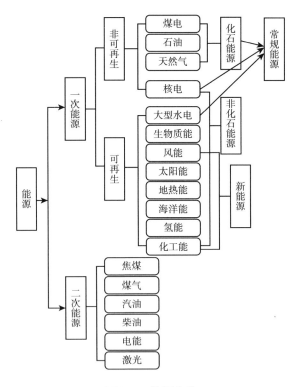

图 2.1 能源分类

随着可持续发展、低碳经济等观念的不断深入，经济与环境和谐发展的要求愈加强烈，依靠要素投入驱动的粗放型经济发展模式已不适应新常态的发展要求[164]。在新发展理念引领下，企业必须依靠能源利用效率提高、能源清洁化发展、能源转型等方式来改变已有的生产经营方式，以更少的能源投入获得更多的经济产值和效益[165]。

关于能源转型的定义，国内外学者已经作出了较为丰富的研究。传统观点认为能源转型被狭义地理解为一个国家或地区的主导能源的转变或更替过程[166]。德国应用生态学研究所提出能源转型是主导能源由石油和核能向可再生能源转型的过程[14]。罗伯特·海夫纳三世在《能源大转型》中提出能源转型就是主导能源由固体到液体再到气体的过程[21]。赵宏图（2009）提出能源转型是指摆脱煤炭和油气等高碳能源占主导地位的传统化石能源体系[71]。魏巍（2018）提出能源转型是一个可再生能源逐渐替代不可再生能源的过程[15]。从以上定义可以看出，"能源转型"常常被等同于"发展可再生能源""促进清洁能源消费""提高新能源消费占比"[167,168]。

然而，纵观能源转型的发展历程，不难发现，能源转型在伴随着一次能源主导地位更替的同时，也会引起技术、制度等方面的调整与变革，同时也表现为长期结构性的制度变化[12,70]。例如，朱彤和王蕾（2016）认为，将能源转型完全等同于能源结构中非化石能源或者新能源占比是不全面的，能源转型的核心要素是能源体系的根本变革[67]。柳逸月（2017）指出，能源转型是基于能源技术与能源特性相匹配的能源生产、消费、运输体系的过程，主要体现为能源结构升级以及用能技术进步两个方面[12]。顾海兵和张帅（2017）认为，能源转型是由能量原动机推动的能源结构变化、能源成本下降和能源体制变革的长期过程，并提出能源体制变革是能源转型的核心标志[70]。刘平阔和王志伟（2019）提出，能源转型并非单纯"提高可再生能源份额"，我国能源转型路径具有多样性的特征[13]。邹才能等（2021）提出，能源转型是人类用能从有碳到无碳转变的发展趋势，也是能源体系主体要素发生根本性转变的过程[76]。因此，本书认为，对能源转型的理解不能仅仅停留在能源结构层面去理解。

综上所述，结合能源使用现状和我国能源发展目标，本书对"能源转型"的定义为：能源体系由高碳化向低碳化转变，主要表现为能源结构调整、能源技术创新与能源制度保障等能源要素的根本性变革。

2.1.2　经济增长质量

从学术上理解"经济增长"的概念，有助于本书界定"经济增长质量"的内涵。作为经济学领域的研究基础之一，经济增长一直是各国学者们的研究重点和热点[169]。保罗·萨缪尔森（1947）在他的代表作《经济分析基础》一书中指出，所谓经济增长指的是一国潜在的 GDP 或国民产出的增加，并提出物质资本、人力资本、技术能力和自然资源是推动一国经济增长的根本动力[188]。库兹涅茨（Kuznets）在其著作《现代经济增长》中指出，一个国家的经济增长可以定义为给居民提供众多经济产品能力的长期上升。所谓经济增长指的是特定国家或地区内实际所产出的物质产品和劳务的长期持续增长，或表述为得到更好的劳务和物质产品的过程。我国经济学家高鸿业（2000）指出，经济增长的实质是通过资源的优化配置和合理使用，使国内生产总值或人均国内生产总值增加得更多，以满足人们日益增长的多样性需求的过程[170]。从以上定义中不难看出，经济增长更偏向于对经济数量的追求[171,172]。在实践中，单纯强调经济数量增长的理论却导致了结构失衡、资源错配等诸多问题[173,174]，使得一些学者开始深入思考，将质量纳入经济增长的理论研究当中。

"质量"一词从根本上与价值判断密不可分，具有规范经济学的色彩，经济增长质量实际上是一种规范的价值判断。目前学术界未形成统一的有关经济增长质量内涵的界定，分析已有文献后，可以从狭义和广义两个视角来理解。狭义的经济增长质量概念强调基于投入产出的视角，以经济增长的效率作为经济增长质量的衡量指标。例如，蔡昉（2017，2018）指出，经济运行过程中的资源错配严重阻碍了经济发展，提高资源配置效率，促进全要素生产率是经济增长质量提升的关键所在[175,176]。刘帅（2019）认为经济增长质量的核心是效率，效率提升主要依赖于全要素生产率，并主张利用

DEA 方法从效率视角评价经济增长质量[104]。广义的经济增长质量概念认为经济增长质量具有丰富的内涵，可以通过建立评价指标体系表明经济增长质量包含的维度。例如，詹新宇和崔培培（2016）基于创新、协调、绿色、开放、共享的新发展理念，对各地区的经济增长质量进行测算和综合评价[134]。任保平和刘戈非（2020）提出经济增长质量包括经济增长的效率、经济增长的结构、经济增长的稳定性、福利变化与成果分配、资源利用与生态环境代价、国民经济素质六大方面的内容[177]。事实上，经济增长质量是一个动态的过程，其概念也在不断的丰富和完善当中[104,133]。

基于上述分析，本书认为，"经济增长质量"是以经济增长与生态环境保护之间协调发展为基础的一种经济增长方式，其核心在于全要素生产率的提高，微观上表现在各要素资源投入产出比值的攀升，宏观上则体现在粗放型经济增长向集约型经济增长的转变。在具体测算中，本书将生态足迹与污染排放等要素纳入分析框架中，重点关注投入要素约束下的综合产出最大化问题，并利用区域实际产出值与其在前沿面形成的投影值之比衡量经济发展的优劣程度，即经济增长质量。

2.2 相关理论基础

2.2.1 经济增长理论

2.2.1.1 经济增长理论概述

1. 马克思经济增长理论

马克思的社会再生产理论、马克思对经济增长方式的描述以及马克思对于经济增长因素的相关研究均为学者们进行经济增长研究奠定了坚实的理论基础。首先，在《资本论》中马克思对社会运行的条件进行描述，即社会再生产理论，这一理论在经济学说史中扮演着重要的角色，以美国经济学家埃弗塞·多马（Domar，1983）为例的大量西方经济学家都充分肯定了马克思经济增长理论的重要意义[178]。具体来说，马克思社会再生产理论的核心问题是社会总产品的实现问题，并以两大部类（生产资料与消费资料）、三大价值形态（不变资本、可变资本与剩余资本）为基本前提，提出了社会简单再生产与社会扩大再生产的实现条件，抽象地描述了满足剩余价值资本化（资本积累）、资本在部门之间以及资本在部门内部通过实物形态与价值形态的交换条件下，社会总资本在数量与规模上不断扩大的过程。其次，马克思所提出的两组名词——粗放经营和集约经营、外延扩大再生产和内涵扩大再生产，为后续经济增长方式理论的产生奠定了坚实的基础。有关粗放经营与集约经营的级差地租论述指出，在耕地数量与生产力逐渐降低的客观条件下，农业经营方式必然需要从粗放经营向集约经营方式转变，即在两类经营方式并存的状态下，更强调土地的"质"的作用。最后，有关经济增长的影响因素研究中，马克思认为涵盖着劳动力、资本（生产对象）、制度（生产关系）与科学技术的生产力是影响经济增长最为根本的要素。[179]

2. 古典经济增长理论

古典经济增长理论以物质生产领域为研究重心，将影响经济增长的各类要素纳入研究体系中。古典经济增长理论包罗万象，包含着十分丰富多样的思想成果。其中，以大卫·休谟（David Hume）、亚当·斯密（Adam Smith）、托马斯·马尔萨斯（Thomas Malthus）、大卫·李嘉图（David Ricardo）为典型代表人物。具体来说，针对影响经济增长的各类要素，古典经济学家们持有各自的看法，但都是基于相对综合性的研究。大卫·休谟认为，产出是涵盖劳动、土地和制造业的函数，由对外贸易驱动的制造业发展将会决定土地与劳动的生产率水平[180]。作为现代经济学的鼻祖，亚当·斯密在《国富论》中指出，经济产出的动力来源于劳动分工、技术进步与资本的积累，在各类要素中，资本起着决定性作用，社会的储蓄会形成资本并终将流入投资中，而投资规模的扩大将进一步促进经济增长[181]。悲观论中的典型代表是托马斯·马尔萨斯，通过将人口纳入影响经济增长的因素之中，马尔萨斯提出，由于人口的净增长速度不断提高，导致人均收入的上升呈现出短暂性与收敛性[186]。大卫·李嘉图作为古典经济学的集大成者，将研究重心放在了财富的分配而非财富的决定因素中，对资本进行了不同的定义，并从微观经济视角研究了资本的形成和积累过程，同时提出资本可以是以工资或资金的形式用于生产的必需品，此类资本具有不同的耐久性，与劳动力可以按照不同的比例结合，在资本积累的过程中促进经济增长[187]。

3. 新经济增长理论

20 世纪 80 年代，以罗莫（Romer）、卢卡斯（Lucas）为主的大量经济学家对经济增长的根本原因进行深入分析，从经济增长的内部原因展开研究，形成了新经济增长理论。新经济增长理论的核心内容可以分为四点。第一，该理论强调了人力资本的外延概念，不仅仅包含劳动力，更加强调劳动力的知识素养、技能能力以及协调合作水平。第二，不同于新古典经济增长理论，基于内生增长视角的新经济增长理论以知识要素规模报酬递增和不完全竞争为假设前提，认为知识的载体——人力资本，会随着知识积累与外溢呈现规模递增的特征，并且资本的积累与知识的积累之间会形成一种良性循环。第三，新经济增长理论最为重要的贡献在于将技术作为内生变量，放置于经济系统的中心位置。尽管技术这一要素在提升与突破中具有不确定性，但是总体上仍然会与其他投入要素的增长呈正比例变化，并且直接决定投资收益率的提升。第四，新经济增长理论从专业化人力资本角度为不同国家人均收入水平差距较大提供了合理的解释，根据新经济增长理论，可以认为一国经济水平的增长不仅受限于知识、劳动力等各种要素的积累程度，也受到国内外投资收益的影响。

2.2.1.2　基于经济增长理论的能源转型对经济增长质量的影响分析

经济增长理论的发展与演化为本书对于经济增长质量的研究提供了一定的理论支撑。根据马克思经济增长理论，在经济实践中，内涵式经济增长与外延式经济增长往往相辅相成，内涵式经济增长要求以技术创新不断提高劳动生产率，从而促进经济增长质量的提升；外延式增长不可避免地会带来环境污染问题，这也说明在经济增长中纳入环境生态因素是有必要的，有助于全面分析全要素生产率水平的高低。同时，对于有关经济增长的影响因素与作用机理的观点中，古典经济学家们更为认可要素依赖型的经济增长理论，即在以资本、技术、资源为主要要素的经济发展体系中，要素利用率对于经济增长质量的重要影响应该被给予足够的重视。

目前，以能源主导的资源要素对于一国经济增长质量的影响不可小觑，不论是能源禀赋、能源消费种类、能源开发利用还是能源安全问题，均关乎一国的高质量经济增长历程。此外，大多数的经济增长理论均强调技术进步对于经济增长的重要作用，然而以内生增长理论为主的新经济增长理论则更加重视知识积累与人力资本投入，知识与专业化人力资本可以通过国际间的传播与外溢得到积累，从而改变一个地区或国家的原有经济规模，这不仅仅适用于我国内部的东部地区与西部地区间的跨地区贸易，更适用于发展中国家与发达国家的高技术产品贸易。基于新经济增长理论，本书认为有必要探究以能源要素为主的能源技术水平对于经济增长质量的直接影响与空间溢出影响。

2.2.2　可持续发展理论

2.2.2.1　可持续发展理论概述

传统的发展观认为人类赖以生存的自然资源是无限的，然而在全球工业化进程中所暴露的污染排放、不可再生能源耗竭和生态恶化等问题都为人类敲醒重新定义发展的警钟，基于此，关于可持续发展的研究逐渐受到学者们的重视。20世纪90年代，基于对全球重要的经济、资源、社会与环境等问题的全面调查研究，联合国世界环境与发展委员会（WCED）出台了《我们共同的未来》报告，并在报告中明确提出"可持续发展"的要求。此后，学者们基于不同视角，重新界定了可持续发展的概念。人类对于可持续发展的认识逐渐深化，可持续发展的研究进程极大地促进了全球生态文明与人类社会的共同繁荣。

可持续发展是一个广义的概念，涉及众多学科，包含了发展与可持续性两层含义，即在保证发展的同时维持其可以或可能延续下去的性质[182]。可持续发展理论遵循着共同性原则、公正性原则与可持续性原则，综合了各类可持续发展的概念与研究成果，形成了相对系统全面的论述[183]。现代意义上，较为普遍的是从经济、自然与社会三个视角阐述可持续发展[151,152]。

1. 经济可持续发展

目前，可持续发展的界定大多是基于经济属性角度。在蒂坦伯格的著作《环境与自然资源经济学》中，可持续发展被定义为：自然资源与经济发展的高度平衡，即在保证自然资源供给与服务质量的同时，最大程度地获取经济发展的净利益。经济可持续发展使人们意识到经济发展并不等同于经济增长，而资源、环境与经济利益的综合评价对经济增长的质量和效益方面提出了新的要求。经济增长的净效益应是在经济行为获得的利益的基础上扣除环境资源成本，其中环境成本需要控制在自然生态自我修复能力的范围内。经济可持续发展强调以科技进步为核心主导力量，并辅以产业结构优化升级为原动力，这就要求更大程度上发挥人力与技术资本的优势，提高自然资源的使用效率，同时稳步调整区域及国家产业结构与经济结构，彰显区域比较优势，提高国际竞争力，逐步实现由资源、环境、结构与产出构成的综合动态系统稳定可持续的经济增长模式。

2. 自然可持续发展

自然可持续发展是可持续发展概念的起源，追溯可持续性一词的来源，其最早出自生态学家们，蕴含着资源耗用、环境保护的重要意义。基于自然属性角度，林伯强和李江龙（2014）强调了环境系统自身循环发展的能力供给与人类赖以生存的环境需求之间的平衡[153]。自然可持续发展作为经济可持续发展的前提，是实现可持续发展的首要任务。在自然可持续发展的进程中，人们需要树立正确的发展观念，增强对环境保护责任与义务的认知，提高资源节约意识，保障人类活动足迹控制在自然承载力内，实现自然资源环境的持续供给。宏观战略上，环境与资源可持续发展的实现则需要充分发挥市场与政府的双重作用，从而提高公众环保意识与参与力度，有效推进可持续发展进程。

3. 社会可持续发展

社会可持续发展的核心是人，基于社会属性视角，艾伦（Allen）认为可持续发展是在生态承载能力范围内，提高人类生活品质，满足人类生活生产需求，从而提高人类生活质量水平[23]。也有部分学者从代际关系角度定义可持续发展，认为可持续发展是保证后代生存状况不劣于现代人的发展状态。可以看出，社会可持续发展以社会群体福利最大化为核心目标，涵盖了社会综合素质、人口规模、社会保障等多个方面。社会综合素质方面，精神文明建设与物质文明建设缺一不可，通过弘扬学习国家传统文化与核心价值观，提高全社会人员道德风尚与综合素养，为社会和谐奠定稳定基础；人口规模方面，注重控制发展中国家的人口密度与规模，实施合理的人口政策，维持粮食、土地、能源的限度；社会保障方面，通过调整就业政策促使社会群体高效高值的价值实现，同时遵循社会公平准则，减少收入差距，实现包容性增长与长治久安的社会发展状态。

2.2.2.2 基于可持续发展理论的能源转型对经济增长质量影响分析

根据可持续发展理论，一个国家应在以经济可持续引领下的社会与自然可持续发展进程中发挥经济增长效益，这要求以国家为单位的经济体应该高度重视可持续发展在经济持续增长中的重要意义，摒弃以破坏生态系统和牺牲生活居住环境为代价的经济发展观，减少资源的损失和浪费，提倡具有生态效益的经济发展，可持续的经济结构必须与社会发展相匹配，与生态系统协调共处，这与经济增长质量的提升理念相契合。从经济可持续发展角度来看，科技是引领经济增长的重要源泉，这就要求更大程度地发挥人力与技术资本的优势，提高自然资源的使用效率。而作为低碳经济发展的新动力与能源转型的重要途径，能源技术转型一方面能够有效地优化资源、改善环境，促进新产业和生产力的发展，加快低碳经济的发展速度；另一方面低碳经济也为新能源技术的发展提供了更好的平台环境优势，相互促进，实现低碳减排、推动经济可持续发展的共同目标。基于自然环境的可持续发展理论则要求人类在生产生活中节约能源的使用，减少污染排放，调节人类与自然环境的平衡。

随着"碳中和"目标的提出，世界各国对温室气体排放的控制标准越来越严格，促进能源清洁化利用成为全球共识。然而，在我国能源结构中，化石能源消费在一次能源消费中仍旧占据极大的比重，尤其是北方很多重工业城市，对化石能源存在较大的路径依赖，环境污染现象严重，能源政策不完善，能源技术水平薄弱，新型工业化进程缓慢，严重影响地区经济增长质量的提升；在国际上，由于国际市场对我国的矿产、石材、药用植物、农产品、畜牧产品的大量需求，可能会加重我国的生态、环境和自然资源的破坏。依据可持续发展理论，基于资源、经济与社会的三重视角，促进能源体系高质量发展，深入探究能源转型对于经济增长质量的影响作用具有重要意义。

2.2.3　外部性理论

2.2.3.1　外部性理论概述

在经济学研究领域中，外部性是一个经久不衰的主题，不论是新古典经济学还是新制度经济学，都在推动着外部性理论的发展。然而，对于外部性这一概念，学术界始终没有统一的界定。经济学家们对于外部性的界定各抒己见，总结起来可以分为两类：一类是基于外部性的生产主体角度，认为"外部性是指那些生产或消费对其他团体强征了不可补偿的成本或给予了无需补偿的收益的情形"[184]；另一类则是基于外部性的承受主体角度进行界定，兰德尔（1989）指出外部性是某些效益被给予，或者某些成本被强加给没有参与这一决策的人[185]。尽管对于外部性的概念并不统一，但是可以明确的是，这一不同主体之间产生的外部影响并非利用市场价格就可以进行买卖的。

在外部性理论发展的进程中，许多经济学家作出了重要的贡献，其中，以马歇尔（Marshall）、庇古（Pigou）和科斯（Ronald H. Coase）的贡献最为卓越，可以称得上是外部性理论发展中的三大里程碑[186]。第一块里程碑是新古典经济学派代表马歇尔提出的外部经济理论。马歇尔认为，工业组织是与劳动力、资本、土地、企业家才能等传统生产要素同样重要的要素，基于分工、机器改良、企业管理等工业组织要素，他在《经济学原理》中提出了外部经济与内部经济概念。所谓外部经济，是源自企业外部因素而使生产费用减少，进而增加企业净利润的收益，而内部经济则与传统的规模经济类似，是由于企业内部工业组织效率的提升增加的机会收益。第二块里程碑则是庇古提出的庇古税理论。被称为"福利经济学之父"的庇古首次用现代经济学的方法拓展研究了外部性理论，并提出了"外部不经济"的概念。在马歇尔外部经济的基础上，庇古将外部影响的承受者从企业扩展至企业和居民乃至整个社会。庇古认为外部性是边际私人成本与边际社会成本的背离，同时也是边际私人收益与边际社会收益的非均衡状态。同时，庇古提出自由竞争与纯粹个人主义机制无法实现帕累托最优配置，适当的政府干预是十分有必要的，通过政府引导，可以改善资源错配状况。在此基础上，能够实现外部效应内部化的"庇古税"概念应运而生。第三块里程碑是科斯的"科斯定理"。作为新制度经济学的奠基人，科斯仍旧站在经济自由与市场主导一方，实际上，科斯定理是对"庇古税"理论的一种扬弃。当考虑到交易费用和财产权等因素时，庇古税似乎不是万能的，尤其是在没有交易费用发生时，庇古税便无用武之地了，而当存在交易费用时，单纯的庇古税政策并没有考虑到成本与收益的权衡，并不能保证制度的有效性。政府干预并非应对市场失灵的唯一政策，在实际应用中，排污权交易制度就是基于科斯定理产生的。

2.2.3.2　基于外部性理论的能源转型对经济增长质量影响的分析

　　实际上，外部性理论在环境资源经济学中得到了广泛的应用，在国家追求经济增长质量提升的路程中，能源与环境的外部性问题也应得到重视[187]。能源是全社会生产与生活消费的物质保障，然而在能源—经济—环境的整体系统中，不论是能源的开发还是利用都会产生一定的外部性问题，这种外部不经济主要是对于生态环境的破坏，这不仅是一种代内外部性，更是一种关乎到可持续发展的代际外部性。尽管全球逐渐意识到节能减排、保护环境的重要性，并对清洁能源的开发与利用不断探索，化石能源仍旧是能源消费的主体这一事实却仍未改变。大量化石能源在开发过程中会产生体量庞大的固体废物与粉尘，在燃烧或加工使用中又会产生大量大气污染物的排放，对于外部环境污染与内部能源耗竭都是外部性的体现。从调整能源结构入手，探究清洁能源的替代效应很可能是去除能源外部性的治本性措施。

此外，在市场失灵下，这种私人成本的社会化可以通过政府政策在一定程度上弥补外部不经济性，征收污染税则是基于前文的庇古税思想，而根据科斯定理制定的排污权交易制度也是一项成功的实践。依据外部性理论，只有市场与政府的双重引导与统一协调，才能够有效地推动能源转型。本书认为需要进一步探究能源转型的综合效益，才可以在一定程度上缓解能源的外部性问题，从而推动可持续发展与经济高质量增长。

2.2.4　能源—经济—环境系统理论

2.2.4.1　能源—经济—环境系统理论概述

随着可持续发展理论、经济增长理论与能源经济学的发展，越来越多的学者考虑到环境恶化、生态失衡与能源耗竭等问题，更倾向于将经济、环境与能源纳入同一个体系进行研究。能源—经济—环境（3E）系统理论通过定性与定量方法的结合，从系统整体与个体角度探究三大子系统内部以及相互间的变化规律。模型方面，国内外学者建立了不同的 3E 系统模型，利用线性规划等思想通过定量分析目标条件下最优的模型结果，例如，1976 年国际能源署开发的 Markal 模型（Market Allocation）通过一定的资源与环境限制，得到有关能源技术与品种调整的方案。此外，还有一些常见的模型，如：CGE 模型、3Es-Model 模型、MACRO 模型、SEA 模型、投入产出模型与 3E 系统协调度评价模型等；理论方面，能源—经济—环境系统以经济为核心子系统，以环境为载体，以能源为物质基础，各个子系统都扮演着不可替代的作用[188]。对于三者之间复杂的关系，主要有三种论述：第一，零反馈作用。经济处于缓慢发展的阶段时，生产活动对于能源的需求相对较小，而产出又不足以对环境造成危害，此时不论是经济还是环境，对另外两个系统的反馈作用微乎其微。第二，负反馈作用。负反馈作用往往发生在经济大幅度增长的阶段中，此时重工业替代传统手工业，能源自身储量不再能够满足生产生活对于能源的需求，对经济系统产生了负反馈作用，同时，有限的技术水平与能源利用效率使能源结构多以重污染的化石能源为主，经济对环境产生了负的外部性作用。此后，环境由于自身的不可逆性对能源供给产生冲击，而环境的治理则需要牺牲一部分经济代价，使得环境对于经济与能源系统同样产生了消极作用。第三，正反馈作用。当经济高速发展之后，进入缓冲阶段时，技术的积累与经济结构、产业结构的调整会提高环境质量与能源利用率，经济条件具有充足的能力致力于环境效益提升中，技术的进步为清洁能源的利用和能源转型奠定坚实的基础，此时，三者之间呈现良性的正向反馈作用。

2.2.4.2 基于能源—经济—环境系统理论的能源转型对经济增长质量影响的分析

根据 3E 系统理论，能源、经济与环境三者之间的耦合影响并非一成不变的，在经济发展的不同阶段，三者之间的作用效果与影响方式均产生变化。目前，中国处于新旧动能交换的特殊时期，旧动能逐渐走弱，新动能初步形成，形成经济总量增长减速与经济缓慢转型的新格局，提高以集约发展为基础的经济增长质量刻不容缓。为实现经济整体的向好发展，本书认为从多角度提高经济增长质量是当前经济运行的着力点。

基于能源、环境与经济协调发展要求，绿色经济发展观念应运而生，而推行绿色发展，会影响经济增长、环境治理、生态环保和资源利用，协调各方面的发展与能源消费有着密切关系。可以说，能源转型是实现能源系统与经济社会、生态环境协调发展的重要途径，由于我国能源体系的高碳化特点，为了促进经济可持续发展，我国能源转型的主要着力点在于，完善能源发展制度保障，稳步提升清洁能源在能源消费结构中的比重，促进传统化石能源的低碳高效利用，借助多能互补的能源供给结构，从根本上促进能源体系清洁化转型。"十四五"及今后更长一个时期，我国能源转型的发展进程对于经济增长质量的攀升具有重要意义。能源—经济—环境系统理论为探究能源转型对经济增长质量影响研究提供了重要的理论支撑。

2.3　能源转型路径与转型现状

目前，学术界对于能源转型的研究大体是基于整体视角，忽略了能源转型路径的多样性特征，尚未进行有效的路径识别研究，对于能源转型进程缺乏足够的理论认识，对于能源转型活动缺乏科学的指导作用。本书将基于我国能源转型的目标要求，利用科学研究方法识别我国能源转型的具体路径，并依据我国能源发展的现实情况，对我国能源转型的现状进行简要分析。

2.3.1　能源转型的路径识别

2.3.1.1　研究方法选择

在能源经济领域，能源转型主题研究尚属于初步阶段，对能源转型路径的相关研究鲜见，涉及的相关概念未得到清晰的学术界定。而扎根理论研究方法可以在缺乏研究假设和既有理论的情况下，依据科学系统的操作流程，摒弃先入为主的主观假设和理论依据，基于社会现象和事实材料，将实际问题上升为抽象理论[189]。本书选择扎根理论探究能源转型的具体内容和路径。

1. 扎根理论分析方法

扎根理论作为一种定性研究方法，具有其特有的优势。不同于传统的定性研究方法，扎根理论最大的特点在于其能够将定性研究进行规范化处理，并结合实际情况与经验数据形成坚实的理论基础，不仅能够克服既往定性研究方法的缺陷，还能提供更契合研究内容的理论支撑。20 世纪 60 年代，格拉泽等（Glaser et al, 1968）首次对扎根理论进行阐述，认为其本质是一种通过质化研究而形成相关理论的定性研究方法[190]。更为具体地，有关扎根理论的研究存在三种不同类型的流派，即经典扎根理论、建构型扎根理论与程序化扎根理论[191]。在研究初期，仅有社会学领域用到扎根理论方法，随着扎根理论的不断发展与完善，扎根理论在社会各领域中得到推广与应用，例如管理学、宗教学等[192,193]。其中，以经典扎根理论为例，其遵循的原则是理论构建者必须基于社会实践与自然现象形成相关的理论依据，而不能存在主观的假设条件。

总体上，扎根理论三级译码具有相对系统化的操作流程。首先，不断地对原始资料和相关概念进行比较和分类，确定研究维度，经开放式编码形成初始范畴；然后，深入分析初始范畴内的概念和类属之间的相关关系，从而推导出主范畴；接着，系统分析主范畴的类别，建立典型关系结构模型；最后，确立研究问题的核心范畴。

2. 访谈设计

基于本书主题"推动我国能源转型的具体路径"，本书选择管理部门（黑龙江省发展和改革委员会、黑龙江省能源局等）、科研院所（黑龙江能源研究所等）、高等院校（哈尔滨工业大学、哈尔滨工程大学等）及企业（黑龙江省电力公司、中国石油天然气集团有限公司等）作为备选案例名单，在每家单位对访谈对象进行深入调研。调研对象根据工作性质可以分为以下三类：能源规划办公室人员（7 名）、参与能源转型发展项目的企业高管或科研人员（12 名）、管理科学与工程专业专家教授（8 名）。为避免由于概念歧义导致调研材料出现偏颇，调研人员先向访谈对象明确了"能源转型""转型路径"等名词的概念。

此次研究设计访谈内容包括"如何促进我国能源转型""推动我国能源转型的核心要素""我国能源转型的重点和难点"等问题，并根据访谈情况和研究主题，对相应的问题进行延展讨论。本次访谈共计获得 27 份有效访谈记录，分层选择 22 份记录作为初始建模材料，其余 5 份记录作为理论饱和度检验材料。此外，为了避免访谈者的主观臆想和概念偏差等对研究结论的影响，本书还通过企业年报、学术文章、公开新闻等渠道获取二手资料进行有效补充，确保研究的信度和效度。

2.3.1.2　扎根理论研究过程

1. 开放式编码

在开放式编码过程中，本书对原始资料进行归纳、整理、逐句分析，并提炼整合初始概念，实现概念的范畴化。通过对原始资料的对比和修正，最终得到 309 条原始语句，梳理后形成 7 个范畴，具体概念与范畴划分见表 2.1。

表 2.1　　　　　　　　　　开放式编码范畴化结果

范畴化	概念化	原始资料
控制能源消费总量	减少原煤直接燃烧量	适度提高煤炭价格；促进经济发展与煤炭等传统能源消费解耦
	能源消费额度管理	建立能源消费总量控制目标分解落实机制，强化地方政府目标责任制和评价考核制度
能源结构优化	能源供给结构优化	发展非煤能源，形成多元供应体系，加强能源输送和储能设备建设
	提高清洁能源消费占比	推动新能源发展和可再生能源消费

续表

范畴化	概念化	原始资料
节能减排	能源清洁化利用	促进高碳能源低碳化、高效化使用，以更小的资源代价实现更高的经济效益，降低经济社会发展对能源投入的依赖，尤其是洁净煤技术的开发与应用
	节能技术创新	发展能源可持续利用的综合技术体系
	提升能源利用效率	建立多能互补协同及能量梯级利用的综合能源系统；加强地区能耗限额标准管理
新能源开发利用	提高电网清洁能源消纳和输送能力	加强智能电网建设，确保清洁能源发电优先输送，加强储能项目建设
	清洁能源市场建设	因地制宜确定地区清洁能源发展重点，加快促进清洁能源应用市场发展
	新能源产业发展	推动新能源的规模化利用和产业化发展
清洁能源开发政策	综合性政策	出于战略发展需要，对整个清洁能源发展制定通盘考虑的综合性政策
	清洁能源专项政策	对各种清洁能源制定专项支持政策，如促进太阳能发展的相关政策
能源节约政策	工业生产领域政策支持	推动企业在生产经营过程中节约能源使用
	居民私人领域政策引导	引导社会公众参与节能活动
新能源产业政策	财税类政策补贴	对新能源产业生产方或者消费方进行财税补贴，对新能源产业生产成本或市场价格产生影响，进而提高新能源产业市场竞争力，促进其发展
	融资类政策支持	为新能源相关企业提供资金支持，解决融资困境，推动新能源产业发展
	技术性政策导向	通过确立技术发展导向和目标，加快技术改造升级进程，提高产品附加值，引导产业发展

2. 主轴编码

本书通过聚类分析探究上述 7 个范畴间的逻辑关系和内在联系，进行更高层次的理论构建。基于对范畴间情景、功能、性质等关联关系的分析，将 7 个范畴整合为能源结构转型、能源技术转型和能源政策转型 3 个主范畴。具体内容及类型见表 2.2。

表 2. 2		主轴编码结果
主范畴	副范畴	主范畴内涵
能源结构转型	控制能源消费总量	调整能源要素配置结构，提高非化石能源占比，推动能源结构转型是能源发展和生态文明建设的核心要求
	能源结构优化	
能源技术转型	节能减排	基于能源要素的利用与开发活动
	新能源开发利用	
能源政策转型	清洁能源开发政策	各级政府制定颁发政策，形成推动能源转型发展的政策环境
	能源节约政策	
	新能源产业政策	

3. 选择性编码

在选择性编码过程中，将所有主范畴提炼综合为核心范畴。本书首先提取"我国能源转型的具体路径"作为概况所有主范畴的核心范畴，并对各类范畴之间的典型关系结构进行探究与总结，进而形成实质理论架构。表 2.3 展示了有关主范畴的典型关系结构。

表 2. 3		选择性编码结果
主范畴关系	关系结构内涵	原始佐证材料
结构优化 ↓ 能源结构转型	能源结构转型通过各种类型能源消费占比变化影响地区经济增长质量	"促进清洁能源发展和可再生能源消费有利于推动能源多元化和环境气候问题，与不可再生能源和其他生产要素一起推动经济增长。"
技术进步 ↓ 能源技术转型	技术进步直接影响能源企业的生产能力和绩效，对经济增长质量产生影响	"技术进步是企业生产经营方式选择的主要依据，同时，技术进步也直接影响企业的知识产出和经济效益。"
制度保障 ↓ 能源政策转型	制度保障是政策性转型的根本支撑，是提升经济增长质量的重要保障	"由于新能源发展尚不充分，市场竞争力较弱，政府政策是确保能源转型的根本保证和驱动力量，可通过财税、价格等政策影响绿色经济发展。"

资料来源：笔者调研中收集的访谈资料。

4. 理论模型饱和度检验

通过对选择性编码的典型性关系结构进行梳理，本书围绕着"能源转型路径"这一核心确定的具体路径为：能源结构转型→能源技术转型→能源政策转型。

在理论模型饱和度检验阶段，需要确定理论模型构建是否科学合理，经过扎根理论"开放式编码—主轴编码—选择性编码"的过程系统分析原始资料时不再形成新的概念、范畴。将原始资料中未抽取的 5 位访谈对象，结合相关二手资料作为理论饱和度的检验对象，对上述扎根理论步骤进行反复循环编码。结果显示，已有理论已经足够饱和，对照组资料未发现新的概念、范畴、关系结构，且确认未有对已有理论删减的现象。

具体来说，我国能源转型的任务主要包括以下内容：首先，将更多形式品类的能源纳入能源供给和消费体系中保持能源的可持续供应，科学优化能源结构，实现非化石能源与化石能源、清洁能源与常规能源的协调有序和平稳升级，实现多元化能源体系[164]。其次，通过用能技术进步确保能源效率提升，为能源转型提供技术基础，包括新能源技术综合开发利用和传统能源节能减排两个层面[165]。最后，为了破解能源转型发展的经济负外部性，政府应在政策层面提供必要的制度性保障[166,167]，制定有利于促进我国能源转型的整体性能源政策框架，加快能源政策由不可持续向可持续阶段转型[194]。

2.3.1.3　扎根理论研究结果

基于扎根理论分析，本书认为我国能源转型主要体现旨在推动能源结构调整的"能源结构转型"、旨在推动能源技术进步的"能源技术转型"和旨在提供制度性保障的"能源政策转型"三个方面。

1. 能源结构转型

根据世界能源理事会的定义，能源转型最基本的特征是能源消费结构的变化[15]。能源结构转型主要是指功能相同、开发技术各异、经济产出效率不同的能源种类的替代过程[168]。斯米尔（Smil, 2019）认为，当新能源占能源消费总量的比值为 5% ~ 50%，可以代表能源成功转型。目前，在能源整体结构中，石油、天然气、风能、太阳能等能源占据了绝大比例[136]。德国、美国、日本等国均提出通过调整能源消费结构实现经济向低碳、无核化转型的战略要求[169]。国际上，美国和德国在能源结构转型上取得了斐然成效，德国被看作是"全球能源转型的先行者与可再生能源发展的领头羊"，其能源结构转型的方式主要是增加非化石能源使用并逐步减少煤炭消费，淘汰核能；美国主要是加强对核能、风能和太阳能等清洁能源的开发利用，力求以美国本土的资源满足国内的能源需求[170]。尽管两国对于能源结构转型的路径选择不同，但根本上都是强调利用非化石能源逐步替代化石能源，进而优化能源结构，促进能源转型。

由于我国以煤为主的能源消费结构，以及工业生产对于化石能源存在较大的路径依赖，我国政府将促进非化石能源消费作为推动能源结构转型和实现 2060 年"碳中和"目标的重要途径。《国民经济和社会发展第十个五年计划能源发展重点专项规划》中明确指出随着能源供求总量矛盾的缓和，能源结构性问题上升为主要矛盾，成为制约能源工业进一步发展的关键因素[195,196]。《可再生能源发展"十三五"规划》《能源发展"十三五"规划》《能源生产和消费革命战略 2016—2030》三份重量级文件均对能源结构转型进行了目标规划，基本界定了到 2020 年、2030 年和 2050 年非化石能源消费占一次能源消费比重提高到 15%、20% 和 50% 的目标。

综上所述，本书认为能源结构转型是在能源结构中，非化石能源逐步替代化石能源，并作用于经济增长质量提升的过程。

2. 能源技术转型

在技术创新研究框架下，能源技术转型主要基于能源要素的利用与开发。萨加尔（Sagar，2004）提出有关能源技术转型的概念与理论框架，为能源转型以及能源新系统的发展提供了新的思路与视角——能源技术转型[197]。邹才能等（2020）认为能源技术转型（储能技术进步、智能源①等）在能源转型和能源发展战略占据首要地位，是推动能源转型

---

① 智能源是指应用人工智能、大数据、物联网、信息技术和电力电子技术等先进技术构建能源互联网，通过能源互联、智能管理和调配实现能源智慧利用。

的根本动力[198]。

能源技术转型涵盖了两个方面，既包括现有能源技术的改善也包含着对于新能源开发、利用等技术的研究。就我国现实情况而言，能源技术转型在新能源技术研究方面主要表现在对新能源（如风能、海洋能、生物质能等）的技术创新，而在原有能源体系基础上的技术创新则主要表现在节约能源使用以及减少污染排放等技术的改进与突破上[199]。

综上所述，本书从新能源利用技术创新以及节能减排技术创新两个方面对能源技术转型进行综合定义，进而分析其对于经济增长质量的影响。

3. 能源政策转型

人类用能史上，已经发生过多次能源转型，在全球气候变化和能源安全问题愈加严重的新经济背景下，本书探讨的是新一轮能源转型过程。相较于传统能源转型，新一轮能源转型的显著特点是各国政府基于全球环境保护、能源可持续发展等问题而作出战略层面的顶层设计，即能源政策转型[200]。

在不同的历史时期，我国政府制定了一系列不同导向的能源政策，经历了由表及里、由单一到多元、由治标到标本兼治的格局变化，构成了宽领域、多目标的能源政策体系[201]。改革开放之初，我国能源政策主要侧重于能源供给方面，为工业生产提供充足的能源是能源发展的重要目标。进入21世纪后，面对产能过剩、环境污染等问题，我国能源政策逐渐向清洁化、节能减排、新能源产业发展等方面转型。

关于政策的类别划分，以往研究存在较多共识。陈艳和成金华（2006）把能源政策划分为能源供应、能源节约、能源结构优化、能源体制改革和能源国际战略五个方面[202]。吴钟瑚（2009）将新能源和可再生能源作为我国的持续能源，并对传统能源进行改组，开发煤炭的清洁利用作为我国能源可持续发展的政策框架[203]。林明彻等（2012）提出节能是我国应对能源挑战的利器，并将煤炭总量控制、可再生能源发展作为接下来能源改革的方向[204]。曾等（Zeng et al, 2017）通过能源政策创新的研究，对开发新能源类政策和传统能源转型政策进行了归类[205]。涂强等

（2020）提出将我国可再生能源政策体系划分为可再生能源上网电价补贴、可再生能源电力配额制与绿色电力证书、促进可再生能源技术研发与技术进步政策，以及可再生能源电力消纳管理政策四个重要部分[206]。归纳而言，清洁能源开发政策、节约能源政策、新能源产业政策是中国能源政策的主要类型。

基于此，本书结合我国能源发展的现实情况和目标要求，在参考已有研究的基础上，将能源政策分为清洁能源开发政策、能源节约政策、新能源产业政策三项类别，分别代表清洁能源开发和利用政策、节约能源政策、新能源产业政策，并将这三类政策作为能源政策的核心变量。其中，清洁能源开发政策关注的重点倾向对于清洁能源等非化石能源的开发利用；能源节约政策是在节能减排的战略要求下，为了以较低的能源消耗支撑经济的快速发展而制定的；新能源产业政策是指以促进新能源产业发展为主要内容的能源政策。

综上所述，本书从清洁能源开发政策、能源节约政策和新能源产业政策三个层面对能源政策转型进行定义，进而分析其对于经济增长质量的影响。

2.3.2　能源转型的现状分析

本书的研究时间区间为 2000～2019 年，此期间涵盖了《新能源和可再生能源产业发展"十五"规划》《可再生能源发展"十一五"规划》《可再生能源发展"十二五"规划》《可再生能源发展"十三五"规划》《能源发展"十三五"规划》《能源生产和消费革命战略 2016—2030》等政策实施期，以及供给侧结构性改革初期（2015 年以来）。

2.3.2.1　能源结构转型的现状分析

《巴黎协定》框架下，我国政府已充分担当起"负责任大国"角色，为我国设定了能源结构转型目标，即到 2020 年、2030 年和 2050 年非化石能源占一次能源消费比重分别达到15%、20%和50%的目标[207]。

增加非化石能源消费比重无疑是促进能源结构转型的基本要求[208]，本书中能源结构为不同类型能源各自占能源消费总量的比重，能源结构转型为由以化石能源为主导能源的能源结构向以非化石能源为主导能源的能源结构转变的过程。在具体测度上，本书参考董康银（2019）的研究[209]，利用非化石能源消费占一次能源消费比重表征能源结构转型程度。由于国家统计局并未发布地区一次能源消费量的官方数据，本书根据各种能源折算标准煤参考系数，将焦炭、汽油、柴油等二次能源消费量折算成万吨标准煤，利用各地区能源消费总量与二次能源消费总量的差值表征一次能源消费总量。具体折算的标准煤系数如表2.4所示。

表2.4　　　　　　　　各种二次能源折算标准煤参考系数

二次能源	折标准煤系数	单位
焦炭	0.9714	万吨标准煤/万吨
燃料油	1.4286	万吨标准煤/万吨
汽油	1.4714	万吨标准煤/万吨
煤油	1.4714	万吨标准煤/万吨
柴油	1.4571	万吨标准煤/万吨
液化石油气	1.7143	万吨标准煤/万吨
电力（当量）	0.1229	千克标准煤/千瓦小时

资料来源：各种能源折算标准煤系数来源于2008年6月1日正式实施的国家标准GB/T 2589—2008《综合能耗计量通则》。

通过图2.2，可以看出，虽然我国能源结构总体上呈现优化趋势，但并不平稳。"十五"规划期内，能源结构一直未得到有效优化。直至2009年，非化石能源消费占比才逼近12%，在2016年，占比首次超过17%，这虽然超过了《可再生能源发展"十三五"规划》《能源发展"十三五"规划》《能源生产和消费革命战略2016—2030》三份政策文件对于能源结构调整的既定目标，但距离我国在《巴黎协定》中对能源结构转型目标仍然任重而道远。

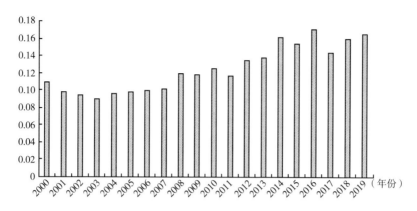

图 2.2 能源结构转型指数

资料来源：历年的《中国能源统计年鉴》以及各省份统计年鉴。

各地区"十四五"发展规划均指出，应减少煤气与石油消费，极力发展非化石能源，推动能源结构优化的发展思路。例如，北京提出"大力发展新能源和可再生能源"，推进平原地区"无煤"能源结构进程；山东省针对高能耗产业出台具有针对性的政策，引导煤炭总量的控制与清洁能源的推广。在未来一段时间内，非化石能源等将成为地方经济发展的一大着力点。促进非化石能源发展，推动能源结构转型是我国实现能源革命的重要举措。

2.3.2.2 能源技术转型的现状分析

能源技术转型涵盖了两个方面，既包括现有能源技术的改善又包含对于新能源开发、利用等技术的研究[210]。就我国现实情况而言，能源技术转型在新能源技术研究方面主要表现在对非化石能源（如风能、海洋能、生物质能等）的技术创新，而在原有能源体系基础上的技术创新则主要表现在节约能源使用以及减少污染排放等技术的改进与突破上[211]。

本章从新能源利用技术创新以及节能减排技术创新两个方面对能源技术转型进行综合定义。在指标界定中，则具体借鉴叶琴等（2018）[212]，范丹和孙晓婷（2020）[213]的做法，通过"非化石能源（新能源以及可再生能源）"专利申请数以及"节能减排"专利申请数分别代表非化石能源技术转型水平与节能减排技术创新水平，并对其进行相应的加权处理，得到地区能源技术转型指数。数据来源于"上海知识产权（专利）公共服务平台"检索下的公共专利数据库，将检索范围分别定位在"非化石能源""节能减排"技术，并将摘要及关键词分别设定为"太阳能 OR 风能 OR 海洋能 OR 生物质能 OR 核能 OR 氢能 OR 水能 OR 地热能 OR 化工能 OR 可再生能源 OR 新能源"和"节能减排"，同时设置检索的专利种类为剔除掉外观设计专利后的发明专利与实用新型专利[212,213]。

我国能源技术转型能力在 2000～2019 年得到了较大程度的提升，尤其是新能源技术转型水平提升明显。具体来看，"十五"期间能源技术转型水平处于较低的水平，且该时期的专利申请数均值未超过 100 件，虽然每年呈现缓慢递增趋势，但总体仍未有较大的涨幅；"十一五"期间，能源技术转型水平增长迅猛，相比于 2005 年，2010 年的能源技术转型申请数均值达近 600 件，增长了近 5 倍，传统能源节能减排技术创新水平也逐渐与新能源综合利用技术创新水平拉开差距。《能源发展"十一五"规划》中明确指出要注重在技术创新中取得成效。能源技术转型专利申请数均值在 2012～2014 年趋于平稳变化，并于 2015 年达到近 1200 件，创下新高，而节能减排技术创新水平与新能源利用技术创新水平差距逐渐加大，相比于新能源技术转型，针对节约传统能源与减少排放的技术创新活动更为活跃。《能源发展"十二五"规划》中指出，要抢占新一轮全球能源变革和经济科技竞争的制高点，需要加大能源科技研发投入并着力突破节能、低碳、储能等关键技术。在"十三五"期间，能源技术专利申请数大幅度增长，有关新能源利用开发的技术创新水平逐渐赶超节能减排技术创新。在战略层面，《能源技术转型"十三五"规划》强调，为提高能源自主保障能力，需要有效利用能源技术创新的引领作用，进而提高能源效率，促进能源转型。

由图 2.3 可知，基于传统能源的节能减排技术创新水平在大部分年份中均高于新能源技术转型水平，2017 年，新能源专利申请数首次超过传统能源技术转型水平，达到 51635 件，总体的能源技术转型水平相比于 2000 年增长了近 80 倍，能源技术转型水平得到了显著提高。为应对全球气候变化，能源技术转型已经成为各国推动能源转型的关键举措。我国应继续加大对能源技术转型中的资本投资和劳动力投资，关注清洁能源、战略性能源技术与能源基础材料等领域，促进洁净煤技术、新能源电力系统、能源互联网、核电等技术领域的突破式创新，为能源清洁利用、能源储存和可再生能源消纳管理提供技术支持，进而推动我国清洁低碳、安全高效的现代能源体系建设。

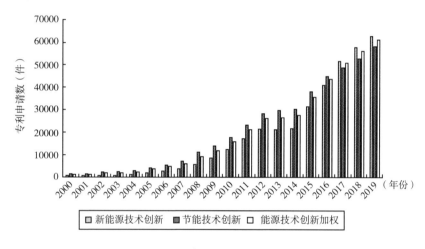

图 2.3　能源技术转型指数

资料来源：上海知识产权（专利）公共服务平台。

2.3.2.3　能源政策转型的现状分析

根据前面的分析，本书将能源政策转型划分为三类能源政策，分别是清洁能源开发政策、能源节约政策与新能源产业政策。在具体测度上，本书参考张国兴等（2014）[90]、曾婧婧和童文思（2018）的相关研究[214]，选取各类政策在统计年份的累计总数作为研究的自变量。各类能源政策来源于"法律之星"网站和各省份的发改委网站。在网站上，对不同省份2000～2019 年颁布的法律法规政策进行检索，按标题关键字进行人工筛选和分类统计。其中，将标题中含有"清洁能源""可再生能源""太阳能""非化石能源""生物能"等关键词的政策归为清洁能源开发政策，标题中含有"节能""节约能源""节约用水"等关键词的政策条目归为能源节约政策；标题中含有"新能源产业""光伏产业""太阳能产业""新能源汽车产业"等关键词的政策条目归为新能源产业政策。各类能源政策数量和趋势线如图 2.4 所示。

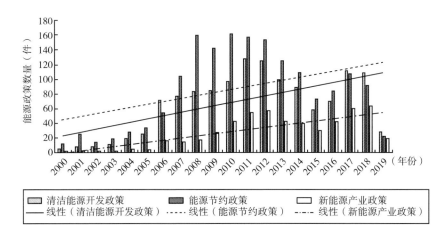

图 2.4　能源政策转型

资料来源：各省份的发改委网站和"法律之星"网站。

"十五"期间，能源部刚刚被撤销（1998 年），国家对于能源建设和能源发展政策议题的注意力较弱[215]，相关政策主要关注"基础建设""节能管理"等，较少涉及新能源产业的发展；针对我国经济发展过程中，不断出现的"产能过剩""能耗过大""环境污染""生态破坏"等问题，自"十一五"期间开始，我国出台大量能源政策进行宏观引导，提出了包括保障能源安全、优化能源结构、提高能源效率等内容的能源政策；在"十二五"期间和"十三五"初期，能源政策总量经过政策消化期后又再次呈现增长趋势。总体上，21 世纪以来，我国能源政策数量的变化趋势呈现出"非连续性"递增，其中能源节约政策是我国能源政策的核心内容，节能减排是绿色经济发展的基本要求。

综合来看，进入 21 世纪后，我国能源政策的变迁呈现出间断性增长趋势，政策结构实现了由单一到多元的转型，基本回应了我国不同阶段复杂的能源问题。但是，事实上，我国仍然是在"先污染后治理""先紧缺后生产"的基础上进行能源政策的制定，更大程度上是一种被动行为，并存在很大的缺陷，例如政策效果不佳，减排问题停滞、政策滞后严重等。在巨大的能源革命压力下，为了配合能源转型过程中呈几何级数增长的复杂性和不确定性问题，提高公共政策的前瞻性以跳出"时间延滞"的困局，我国的能源政策体系仍需要从"强制管制"向"温和指导"转型，需要制定有效的政策组合，提高能源可持续发展的制度保障水平。

2.4　能源转型对经济增长质量影响的研究框架设计

可持续发展背景下，面对国际减排承诺、经济发展与环境保护的多重约束，低碳经济和绿色发展的观念日益深入人心，地区依靠传统化石能源投入拉动经济增长的模式已不适用，而以能源转型推动经济增长质量的攀升则成为重中之重。能源转型中，不仅可以通过减少排污优化自然环境，还可以通过倒逼企业革新生产工艺推动企业可持续发展。依据文献综述与相关理论分析，本书提出能源转型路径主要表现为旨在推动能源结构调整的能源结构转型、旨在促进能源技术创新和用能技术进步的能源技术转型和旨在提供制度保障的能源政策转型三条路径，并结合经济增长理论、外部性理论等基础理论，分析其对经济增长质量提升的影响。

2.4.1　能源转型对经济增长质量的影响机理

2.4.1.1　能源结构转型对经济增长质量的影响机理

从能源经济学的意义来讲，能源作为一种重要的生产要素，与资本、劳动力等要素一起被纳入生产函数模型[216]，是经济发展的动力源泉[216]，是国民经济的命脉[217]。经济低碳可持续增长的实质在于转变能源利用方式，优化能源结构[218]。能源结构优化以非化石能源逐步替代化石能源为主要特征，能源投入要素关系不断发生变化，会对生产过程中资源配置状况产生影响，进而影响经济系统运行[15]。在探究能源结构转型对经济增长质量的影响作用过程中，需要首先明确投入要素之间的关系，本书从非化石能源与化石能源的替代效应分析能源结构转型对经济增长质量的影响作用。

1. 能源结构转型的门槛作用机理分析

当生产函数中只包括资本和劳动力时，其要素替代弹性的自然扩展表达式为：

$$\sigma_{KL} = \frac{\Delta\left(\dfrac{K}{L}\right)}{\Delta MRTS} = \frac{\mathrm{d}\left[\ln\left(\dfrac{K}{L}\right)\right]}{\mathrm{d}\left[\ln\left(\dfrac{F_L}{F_K}\right)\right]} \qquad (2-1)$$

式中，K 表示资本要素，L 表示劳动力要素，$MRTS$ 为边际技术替代率，F_K 表示资本要素的边际产量，F_L 表示劳动力的边际产量。

现假设企业生产要素包含资本、劳动与能源三类，进一步地，本书将能源投入要素细分为两类——非化石能源 c 以及化石能源 f，并探究两类能源要素的替代效应。

首先，假设资本与劳动投入要素不变，构造关于两类能源要素的等产量线 $Q(f,c)$。在此基础上，理性厂商会选择成本函数 $C(P_f, P_c)$ 与等产量线切点 A 处进行生产（见图 2.5），即满足如下方程：

$$C = \sum_{K=1}^{N} X_K W_K$$
$$= f \cdot P_f + c \cdot P_c + W \qquad (2-2)$$

$$\frac{P_f}{P_c} = MRTS_{fc}$$

$$= \frac{-\Delta c}{\Delta f}$$

$$= \frac{F_f}{F_c} \qquad (2-3)$$

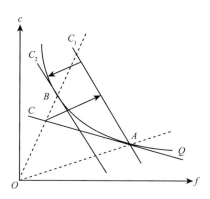

图 2.5　非化石能源替代效应示意

其次，在能源结构转型中，化石能源 f 与非化石能源 c 的价格会发生不同程度的变化，在国家政策引导下，化石能源价格 P_f 上升，使得在产量不变时，成本函数斜率变大，成本曲线由 C 旋转至 C_1。在此后一段时间内，厂商基于产量恒定成本最小化目标，会调整能源要素的投入比例，使得成本函数 C_1 以不变的斜率平移至 C_2，得到新的切点 B，此时在等产量限制下，非化石能源投入增大，而化石能源投入则减少，表明在能源价格的影响下，化石能源与非化石能源之间存在着一定的要素替代作用。实际上，在现实生产生活中，非化石能源的价格必定不是一成不变的。因此，可以认为，化石能源与非化石能源的相对价格会直接影响其所发挥的要素替代效应的大小，进而对经济增长质量产生影响。

具体而言，在能源结构转型初期，需要大量的研发和建设成本以促进非化石能源开发利用，相较于化石能源，其价格上存在劣势，进而导致非化石能源的要素替代效应较小。同时，企业需要更新与非化石能源使用相配套的生产工艺和设备设施等，产品相关市场也需要重新界定[219]。相对于传统化石能源而言，其经济利益相对较小，甚至可能需要付出一定的经济代价[84,162]。而伴随着能源结构转型的不断推进，非化石能源消费占比的不断提高，规模扩大，可以有效地均摊初始成本，使非化石能源成本下降，市场竞争力提升[216,220]，同时，化石能源的相对价格上升，发挥出更大的要素替代效应，能源多元化的正向溢出效应逐渐显现，具体实践表现为与非化石能源消费配套的清洁生产技术广泛应用于企业生产[221]，进而带来可观的经济效益[222]。

同时，化石能源的使用会导致环境退化或带来负的外部性（主要包括环境污染和温室气体排放），进而影响地区的经济增长质量提升；随着能源转型进度不断推进（即非化石能源比重逐渐增加），化石能源使用所引发的负外部性随之减弱，当能源结构转型进程突破特殊点后，对经济增长质量的影响效果将发生改变。

2. 能源强度的门槛作用机理分析

长期以来，我国经济具有明显的高投入、高消耗、低产出的粗放式增长特征，受能源资源禀赋影响，对于化石能源的依赖度较高[223]。安鲁（Unruh，2002）指出，由于能源路径依赖的规模效益递增，工业企业对于能源转型的主动性和积极性较弱，使企业被长期锁定在以化石能源为主导的能源结构中[224]。为履行国际碳减排承诺和推动经济高质量发展，我国有必要摆脱对化石能源的依赖，构建以非化石能源为主导能源的清洁化、高效化的能源体系[225]。能源强度是衡量国家或地区经济发展对于能源依赖强度的重要指标[226]。当能源强度高于某一特定值时，表示经济发展对于能源消费的依赖程度较高，能源消费的路径依赖和锁定效应越大[227]。能源路径依赖效应是将路径依赖理论应用于能源领域，探讨由于适应性预期等因素，驱使经济发展对于化石能源的生产、技术和产业结构等方面形成高度依赖性和系统内在惯性[228]。

为了更直观地表征能源依赖在能源结构转型对经济增长质量影响中可能存在的门槛作用，本书以能源市场为例，进行简要说明。根据式（2-4）与式（2-5），在利润最大化原则下，企业的经济效益 π 与能源价格 P 直接相关，进而对经济增长质量产生重要的影响。因此，本书认为在不同能源依赖程度作用下，能源结构转型对经济增长质量的影响作用存在差异，这主要体现在能源结构转型对能源市场价格的影响上，并且有必要对能源结构转型与能源价格之间的关系进行更为直观的说明。

$$\begin{aligned}
\pi &= pq - C(P) \\
&= p(P)q - C(P) \quad\quad (2-4)
\end{aligned}$$

$$\begin{aligned}
\frac{\partial \pi}{\partial P} &= \frac{\partial p(P)}{\partial P} \cdot q - \frac{\partial C(P)}{\partial P} \\
&= 0 \quad\quad (2-5)
\end{aligned}$$

首先，构建能源市场上供需函数，如图 2.6 所示。假设市场中存在两类能源企业，即高能源依赖类企业与低能源依赖类企业，由于企业对于化石能源依赖的程度不同，两类企业对于能源价格的敏感度也存在差异，表现为依赖程度越高，对价格的敏感度越低，因此，需求曲线更陡峭，两类企业能源需求曲线共同组成总需求曲线 D。其次，在化石能源为主导的能源结构逐渐向以非化石能源为主导的能源结构转变的过程中，低能源依赖企业的需求函数在价格不变时，需求量较大程度地减少，表现为需求曲线向左移动，并与原始的高能源依赖企业需求曲线构成新的需求曲线 D^1，此时，能源市场均衡点仍旧为 A 点，即能源价格并未发生变化；最后，在能源结构转型过程中，高能源依赖企业需求曲线发生较小程度的左移，与低能源依赖企业构成新的总需求曲线 D^2。此时，市场均衡点变为 B 点，能源的均衡价格有所下降。因此，可以认为能源结构转型对于化石能源价格的影响取决于企业的能源依赖强度，地区内部整体企业能源依赖强度较高时，能源转型能够更大程度上降低能源价格。

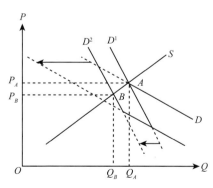

图 2.6　能源结构转型对能源市场需求影响的作用函数

进一步地，由于能源结构转型过程中，非化石能源对化石能源存在挤出效应，且非化石能源成本较高，政府会通过征收环境税等规制手段提高化石能源价格，因此，能源结构转型会使供给曲线 S 左移至 S^1（见图2.7），形成新的均衡点 A^1 和 B^1，导致能源价格有所上升。因此，在供需曲线的综合影响下，能源结构转型对能源价格的影响具有不确定性，与地区企业的能源依赖程度有关。

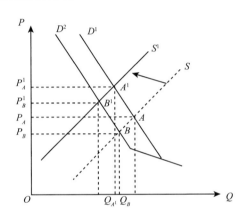

图2.7　能源结构转型对能源市场供给影响的作用函数

基于以上分析，能源结构转型对于经济增长质量的影响，很可能基于某一重要变量产生不同的影响效果。而非线性面板门槛回归模型中包含了未知的门槛变量，通过分段函数的建立与内生估算得到门槛的阈值，可以有效地分析变量之间的非线性作用关系。因此，本书利用面板门槛回归分析方法，基于能源结构转型和能源强度的门槛作用，探究能源结构转型与经济增长质量之间可能存在的非线性作用关系。

2.4.1.2　能源技术转型对经济增长质量的影响机理

熊彼特的创新理论指出，创新是国家（或地区）经济可持续增长的源泉，作为创新活动的能源技术转型在内生经济增长函数中被视为一种知识密集型要素，对于经济增长质量发挥着重要的影响作用[229]。技术创新活动具有以下显著特点：一方面，创新产出具有典型的空间集聚性，无论是在创新水平较高的经济发达区域还是在创新水平较低的经济落后地区，创新活动都具有高度集聚特征[230]；另一方面，创新存在空间溢出特征，在技术的可复制性与流动性的作用下，区域创新活动会对外部区域产生一定的空间溢出影响。由于知识的流动受限于地理空间，创新产生的空间外溢作用很可能受到地理距离的影响[231]。同时，经济增长质量并非只是简单的区域内部问题，还可能因为污染物扩散、创新合作、要素流动、商品贸易等在不同地区产生联动效应[232]。本书认为需要从空间尺度上分析能源技术转型的空间依赖性特征，进而探究其对于经济增长质量的空间影响。

具体来说，由于有关能源开发与利用的产业大多属于工业部门，因此我们以新能源企业为例，从区域间要素的配置效率以及集聚特征两个角度阐述能源技术对区域经济增长质量的空间外部性作用。

基于能源技术创新影响区域间要素的资源配置角度，本书首先建立能源工业部门的需求函数 $D(L)$：

$$
\begin{aligned}
D(L) &= NW(L) \\
&= W - C
\end{aligned} \tag{2-6}
$$

式中：L 为劳动力；NW 为企业劳动力净收益，即扣除了各项成本后的工资水平；W 为工资曲线，其斜率代表劳动力生产规模报酬率；C 为成本函数，位于坐标轴下方（见图 2.8）。

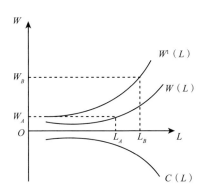

图 2.8 能源工业部门工资函数与成本函数

劳动力会受到地理与社会条件的限制，具有不完全流动性。如图2.9
所示，在工资水平上升时，劳动力呈现出上涨趋势，得到供给曲线 $S(L)$，
供需曲线交点 A 即为生产均衡点。此外，考虑到能源技术创新的情况
下，技术要素本身具有非竞争的公共物品属性，并且在技术外溢作用
下，技术能够发挥出积极的外部性作用。在此基础上，区域内外部企业
的劳动生产率水平得到不同程度的提高，进而使得企业规模报酬率加
大[352]，促进了能源产业规模经济效应的产生，体现在图2.9中上半部
分工资曲线的倾斜程度上。工资曲线的上移改变了原有需求曲线，即由
$D(L)$ 变化到 $D^1(L)$，并在一段时间内达到新的稳定平衡 B（见图2.9）。
基于要素的逐利性，B 点处较高的新能源企业工资水平必然会引起劳动
力与资本要素的跨部门跨区域流动。在能源技术创新这一非均衡力量的
作用下，区域整体经济增长质量的变化不仅表现在以劳动力要素引领的
各资源配置与要素生产率水平的变动上，还表现在能源清洁化生产转型
所发挥的环境效益上[353]。

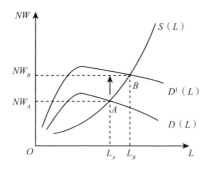

图2.9　能源工业部门供需函数

基于要素的集聚特征，能源技术创新对于区域经济增长质量的影响存
在不确定性。能源技术创新改变了原有的要素分布地理格局，在区域经济
条件、地理位置、制度环境等因素的影响下，使得要素集聚产生区域差异
化的均衡状态。具体来说，在初始阶段，技术要素集聚程度相对较高的地
区极易对邻近地区产生"极化效应"，降低外部区域的生产力水平，外迁

低收益高污染的企业，对外部区域经济增长质量产生不利的影响；而当要素集聚达到一定水平，则会对邻近地区经济增长质量发挥出积极的协同带动作用，促进其经济低碳转型，产生有益的"涓滴效应"。因此，考虑到不同条件、阶段与环境中，能源技术转型对于经济增长质量的影响效果具有不确定性，结合技术要素本身的外溢性，本书将空间因素纳入能源技术转型对经济增长质量影响的研究，运用空间计量模型实证检验两者之间复杂的空间关系。

2.4.1.3　能源政策转型对经济增长质量的影响机理

能源政策是联结能源革命和经济发展的重要枢纽[198]。促进高耗能产业向新能源产业升级发展，是我国产业转型的重要内容，能源政策转型会促进能源产业的破坏式创新[76]，促进新能源产业发展，对经济增长质量提升产生影响作用[93,233]。基于波特假说，能源政策转型会在较大程度上对传统能源产业的用能结构、生产方式等方面造成冲击[234]。传统能源产业一直被视为关系我国国计民生的重要产业，其市场敏感度相对低下，通过设立节能降耗标准、加收排污费用等规制办法迫使企业放弃原有高耗能、高污染、高排放的发展模式，激励经济主体加大研发投入，引导技术创新管理，推动技术进步和效率提高，进而推动经济增长质量提升[2]。比较而言，在利用新能源前期，不论是能源产业的发电成本还是基础建设成本均比较高昂，极大地降低了新能源产业的市场竞争力；然而，近年来在发达国家的带动下，各国逐渐加大对于清洁能源的重视程度，并从财政政策、产业政策等国家政策角度对清洁能源的发展产生了有益的影响[93,235]。

进一步地，本书借鉴原毅军和谢荣辉的研究[235]，通过构造企业的边际治污成本曲线更加直观地分析能源政策对经济增长质量的影响机理。假设传统能源企业 E_1 和新能源企业 E_2 排放同质污染物，初始污染物排放量分别为 e_1 和 e_2，企业 E_1 和企业 E_2 的边际治污成本函数不同，企业 E_1 的治污成本曲线更陡峭（见图 2.10）。当地区能源政策较弱时，企业 E_1 和企业

E_2均能够满足政策要求，且治污成本均为 P。当地区能源政策向低碳化转型时，污染物排放标准为 e^*，企业 E_1 的治污成本为 P_1，企业 E_2 的治污成本为 P_2，显然，相较于新能源企业 E_2，能源政策转型对传统能源企业 E_1 的经济冲击更为显著。如果将上述研究对象由企业层面拓展至能源产业层面，则可以假设存在两类能源行业，即传统能源行业 E_1 和新能源行业 E_2。在能源政策转型力度不断加大的情况下，传统能源行业 E_1 需要进行大规模的整改，例如，增加研发投入以更新生产工艺，增加环保投入以引进清洁生产设备，提高能源利用效率，以期在长期内显著降低其边际治污成本，实现"创新补偿"效应。而对于新能源行业 E_2 将借助绿色发展优势，逐步抢占市场份额，成为地区优势产业，推动地区产业结构转型升级，进而促进经济增长质量提升。

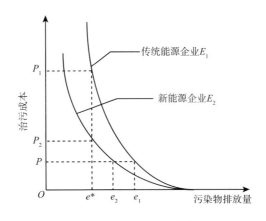

图 2.10　企业边际治污成本曲线

综上所述，能源政策资源的再分配作用有助于政府通过推进能源管理体制改革和能源行业规模重组等方法对能源市场进行干预，进而对经济增长质量产生影响。本书基于清洁能源开发政策、能源节约政策以及新能源产业政策，构建能源政策作用经济增长质量的计量模型，实证检验三类能源政策对经济增长质量的政策效力和政策时效性，并探讨能源政策组合作用下对经济增长质量的驱动作用。

2.4.2　能源转型对经济增长质量影响的研究框架

基于第 1 章、第 2 章的文献评述和理论阐述，本书识别了能源转型的三条具体路径——能源结构转型、能源技术转型和能源政策转型。在此基础上，本书深入分析三类能源转型路径与经济增长质量的关系。首先，本书分别基于不同能源结构转型进程和能源强度，探讨能源结构转型对经济增长质量的非线性影响，并运用门槛回归分析方法对其影响作用进行实证分析。其次，基于技术创新的空间溢出效应，本书运用空间计量分析方法对能源技术转型与经济增长质量之间的空间影响作用进行实证分析。再其次，基于能源政策的目标导向，将其划分为清洁能源开发政策、能源节约政策和新能源产业政策，分别探讨三类能源政策对于经济增长质量的政策效力和政策时效。最后，基于规划建模与仿真分析方法，对 2020～2030 年与 2030～2050 年能源转型对经济增长质量影响的动态效应进行仿真研究。综上，本书构建了能源转型对经济增长质量影响研究的理论框架，如图 2.11 所示。

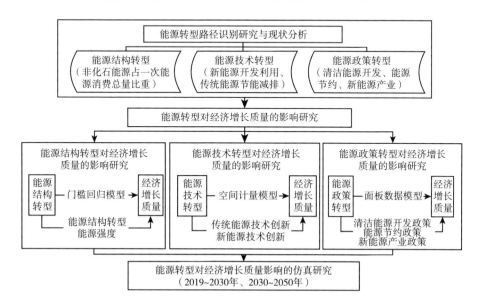

图 2.11　能源转型对经济增长质量影响研究的理论框架

2.5 本章小结

本章首先对能源转型和经济增长质量的相关概念进行了界定，并基于扎根理论分析方法对能源转型的具体路径进行识别分析，根据我国能源发展的现实情况对能源转型进行现状分析，在已有研究基础上对相关理论进行解析。其次，本章从理论上分析了能源转型对经济增长质量的影响机理。最后，本章构建了能源转型对经济增长质量影响的研究框架。

第 3 章

能源结构转型对经济增长质量的影响研究

能源转型主要包含能源结构转型、能源技术转型和能源政策转型三条路径，本章将探究能源结构转型对经济增长质量的影响作用。基于能源结构转型和能源强度的门槛作用，探究在能源结构转型的不同阶段，以及能源强度的区域异质性作用下，能源结构转型对经济增长质量的非线性影响作用。

3.1 能源结构转型对经济增长质量影响的分析基础

现有关于能源结构转型对经济增长质量的相关研究多数是基于环境治理的目标导向，探究某一品类能源消费对于经济增长数量或者环境污染的影响，忽视了地区的资源禀赋特征，而乐观地估计了能源结构转型对经济增长的负向冲击[236]。同时，经济现象复杂易变，经济增长质量是一个系统工程，这导致经济变量之间往往存在着大量的非线性关系[237]。鉴于我国各地区的能源转型进程、资源禀赋和能源强度等情况均存在显著差异，本书认为，基于区域异质性，探究能源结构转型对经济增长质量的非线性影响是必要的。

3.1.1　能源结构转型对经济增长质量的影响效应分析

化石能源的有限性和危害性日益突出，原油供给瓶颈等能源安全问题不断凸显。在"调结构、谋转型"的目标要求下，促进以化石能源为主导能源的能源体系清洁化转型对于低碳发展的重要性和迫切性日益显现。能源作为一种重要的生产要素，与资本、劳动力等要素一起被纳入生产函数模型[84]。推动能源结构转型，非化石能源不断替代化石能源作用于社会经济系统，将会对产业结构、环境污染治理、新型城镇化建设等方面产生显著影响，进而影响地区经济增长质量。本书将基于规模效应、替代效应、路径依赖效应和锁定效应等方面分析能源结构转型对经济增长质量的影响[10]。

3.1.1.1　替代效应和规模效应

要素替代效应是指在产出不变的条件下，要素间相互替代，并作用于产出变量所形成的效应[84]。非化石能源的要素替代效应主要指以增加非化石能源投入和减少化石能源使用为基本特征的能源结构转型，对经济增长质量产生的异质性影响[3,11]。理论上，能源结构转型是一个由化石能源占优逐渐转变为非化石能源占优的过程。在能源结构转型初期，非化石能源不可避免地存在价格劣势，市场竞争力较弱，地区政府需要给予一定的政策补贴，以弥补非化石能源发展的竞争短板，鼓励地区企业和消费者协同推进非化石能源消费，促进其环境正外部性的有效发挥。伴随着能源结构转型进程的不断推进，初始成本被均摊，规模效应逐渐显现。学习效应是规模经济出现的另一重要原因，初期大规模的非化石能源技术扩散较为困难，学习效应是人力资本积累和非化石能源技术扩散的重要驱动力，有利于降低边际成本，带来规模效应。在规模效应和学习效应作用下，非化石能源凭借清洁化、高效化、低碳化等优势，将逐渐成为能源市场的优势产品，被广泛应用，进而推动地区经济增长质量的提升。

3.1.1.2　技术锁定效应和路径依赖效应

基于能源路径依赖特征，在不同的能源依赖度水平下，能源结构转型也可能由于能源锁定效应和依赖效应，对经济增长质量产生不同的影响[14]。长期以来，在高投入低产出的粗放型经济发展模式下，我国已经对于化石能源产生了严重的能源依赖和锁定效应，尤其是中西部地区，改变原有的能源利用方式，需要革新生产技术，更新与之配套的生产设备、基础设施建设，推动能源结构转型需要付出较大的经济代价。在锁定效应和路径依赖效应作用下，能源结构转型存在着成本高昂、技术成熟度低等诸多问题，其环境正外部性和经济正外部性作用仍有待检验。

3.1.2　能源结构转型对经济增长质量影响的门槛特征分析

作为经济发展方式转变的重要特征，资本、劳动力、能源三种基本要素的配置结构调整对经济增长有着根本性的影响，能源结构调整转型通过调整能源要素配置，影响地区生产经营决策、产业结构升级等，进而对地区经济增长质量提升产生重要影响[10,84]。但是，我国各地区存在显著的地区异质性，而能源结构转型和经济增长质量提升都是复杂的系统行为，因此，在其影响过程中，很可能由于某一重要变量的变化，而导致其影响作用效果产生差异[89]。本书将基于能源结构转型进程和能源强度，分析能源结构转型对经济增长质量影响中可能存在的门槛异质性作用。

（1）能源结构转型进程。伴随着非化石能源消费占一次能源消费总量比重的不断提高，能源结构转型进程不断推进，表现为能源体系中化石能源占优向非化石能源占优转变。然而，两类能源占优的能源体系对经济社会系统的影响必然存在差异，特别是对经济增长质量的影响。

具体而言，当能源体系中化石能源占优时，能源使用的经济成本较小，但对生态环境的负外部性较为明显，表现为温室气体排放增加，温室效应增强，引致地区环境破坏[98]。同时，由于化石能源的不可再生性和人类对该类能源的巨大消耗，化石能源正在逐渐走向枯竭，也使得长期依赖于化石能源消费推动经济增长的国家（或地区）面临着能源安全的不确定性。当能源体系中非化石能源占优时，能源使用的经济成本较大，能源使用所带来的负外部性将极大被削弱，进而对经济系统的影响较为复杂，清洁化的能源体系将推动经济可持续发展能力明显增强[94]。因此，在能源结构转型不断推进的过程中，主导能源由化石能源变为非化石能源，能源体系变化将会对经济增长质量产生差异性影响。本书认为在能源结构转型过程中可能存在特殊点，一旦能源结构转型突破特殊点，那么对于经济增长质量的影响作用将由抑制作用转变为促进作用。

（2）能源强度。能源强度是能源消费总量与实际国内生产总值的比值，反映经济体对能源的依赖程度。当能源消费强度达到一定程度时，表示经济发展对于能源消费的依赖程度较高，能源消费的路径依赖和锁定效应越大。

具体而言，能源强度水平较低的地区，经济增长与能源消费显著脱钩，能源替代的经济成本较小，且要素替代形成的能源多元化结构，对于经济增长具有有效的推动作用[84]。这些地区往往具备非化石能源消费所需的硬件基础（如科研投入、基础设施配备等）和软件基础（如专业知识存量、环保理念和绿色需求等），无论在供给端还是需求端，推进非化石能源发展的阻碍均较小[106]。此外，这些地区往往带动企业教育资金和科研创新投入不断丰富，对于社会资本、前沿技术和高科技人才的吸引力更大，随之形成聚集效应[108]。事实上，长期以来我国各地区存在显著的异质性特征，表现为东部经济发达地区的能源依赖程度较低，而中西部地区经济具有明显的高投入、高消耗、低产出的粗放式增长特征，受能源资源禀赋影响，对于化石能源的依赖度较高。因此，在不同水平的能源强度地区，能源结构转型对经济增长质量的影响可能存在差异。

基于以上分析，本书提出以下假设。

H3-1：伴随着能源结构的不断优化，能源结构转型对于经济增长质量具有差异性影响，作用方向由负向变为正向。

H3 – 2：当能源强度较高时，促进能源结构转型对经济增长质量的驱动作用有限。

本书利用门槛计量模型具体探究能源结构转型与经济增长质量之间的非线性关系，构建以能源结构转型为自变量，能源结构转型、能源强度为门槛变量，经济增长质量为因变量的概念模型，运用非线性面板门槛回归模型探究能源结构转型对经济增长质量的影响作用，其影响机理如图 3.1 所示。

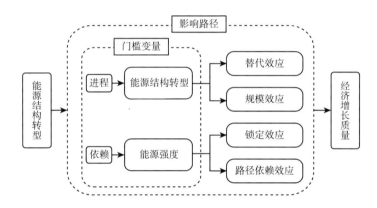

图 3.1　能源结构转型对经济增长质量影响机理

3.2　能源结构转型对经济增长质量影响的研究模型

3.2.1　研究模型构建

能源结构转型对经济增长质量的影响可能不是单纯的促进或者抑制作用。一方面，在不同的能源结构转型阶段，能源结构转型对经济增长质量的影响存在差异；另一方面，也可能由于地区能源强度不同，导致能源结构转型与经济增长质量的影响关系产生差异。为了验证上述关系，本书利用汉森（Hansen，1999）提出的非线性面板门槛回归模型[238]，对能源结构转型与经济增长质量之间的门槛效应进行检验，以期获得能源转型对经济增长质量影响的最优关系。

门槛模型下的门槛值为 γ，对于 $TES_{it} \leqslant \gamma_1$、$TES_{it} > \gamma_1$、$Energy_{it} \leqslant \gamma_2$、$Energy_{it} > \gamma_2$ 四种情况，能源结构转型对于经济增长质量的影响表现出显著差异，构建以 TES、$Energy$ 为门槛的门槛模型如下：

$$
\begin{aligned}
Quality_{it} =\ & \theta + \beta_1 Gov_{it} + \beta_2 ICT_{it} + \beta_3 Urb_{it} + \beta_4 People_{it} + \beta_5 Regulation_{it} \\
& + \beta_6 Open_{it} + \beta_7 TES_{it} \times I(TES_{it} \leqslant \gamma_1) \\
& + \beta_8 TES_{it} \times I(TES_{it} > \gamma_1) + \varepsilon_{it}
\end{aligned} \tag{3-1}
$$

$$
\begin{aligned}
Quality_{it} =\ & \theta + \beta_9 Gov_{it} + \beta_{10} ICT_{it} + \beta_{11} Urb_{it} + \beta_{12} People_{it} + \beta_{13} Regulation_{it} \\
& + \beta_{14} Open_{it} + \beta_{15} TES_{it} \times I(Energy_{it} \leqslant \gamma_2) \\
& + \beta_{16} TES_{it} \times I(Energy_{it} > \gamma_2) + \varepsilon_{it}
\end{aligned} \tag{3-2}
$$

式中：$Quality_{it}$ 表示经济增长质量；TES_{it} 为能源结构转型；$Energy_{it}$ 为能源强度；政府干预（Gov_{it}）、信息化（ICT_{it}）、城市化（Urb_{it}）、人口密度（$People_{it}$）、环境规制（$Regulation_{it}$）和对外开放（$Open_{it}$）为一组可能对经济增长质量产生影响的控制变量；β 为相应的系数向量；γ_1 和 γ_2 为门槛值；$I(\cdot)$ 为指标函数，相应的条件成立时取值为1，否则为0；$\varepsilon_{it} \sim idd(0, \delta^2)$ 为随机干扰。

3.2.2 门槛回归分析方法

进行模型估计时，首先需要采取去除组内平均值的方法来消除个体效应 μ_i，并将单门槛模型用矩阵的形式表示为：

$$
LCD_{it} = x^*(\gamma)\beta + \varepsilon^* \tag{3-3}
$$

对于给定的 γ 值，采用普通最小二乘法得到参数 β 的一致估计量，即：

$$
\hat{\beta}(\gamma) = [X^*(\gamma)'X^*(\gamma)]^{-1}X^*(\gamma)'Y^* \tag{3-4}
$$

相应的残差向量 $\widehat{e^*}(\gamma)$ 以及残差平方和 $S_1(\gamma)$ 为：

$$\widehat{e^*}(\gamma) = Y^* - X^*(\gamma)\beta^*(\gamma) \qquad (3-5)$$

$$S_1(\gamma) = \widehat{e^*}(\gamma)'\widehat{e^*}(\gamma) \qquad (3-6)$$

通过最小化式（3-1）对应的 $S_1(\gamma)$，获得 γ 的估计值：$\hat{\gamma} = \underset{\gamma}{argmin}S_1(\gamma)$，由此可求得：$\hat{\beta}=\hat{\beta}(\hat{\gamma})$；残差向量 $\widehat{e^*}=\widehat{e^*}(\gamma)$；残差的方差 $\hat{\sigma}=\widehat{\sigma^2}(\hat{\gamma})=\dfrac{1}{n(T-1)}\widehat{e^*}$，其中 $\widehat{e^*}=\dfrac{1}{n(T-1)}S_1(\hat{\sigma})$。在得到参数估计值后，需要对模型进行存在性和真实性两个方面的检验，进而进行后续的实证检验。

一是检验是否存在门槛效应。其原假设是 H_0：$\beta_1=\beta_2$，同时构建统计量 F_1 进行似然比检验：

$$F_1 = \frac{S_0 - S_1(\hat{\gamma})}{S_1(\gamma)/\hat{n}(T-1)} \qquad (3-7)$$

其中，门槛值 γ 在原假设下是无法识别的，导致传统检验统计量的分布是非标准的。汉森（Hansen，1999）建议采用自抽样法来获取一阶渐进分布，基于此求出 P 值。

二是检验门槛值是否等于真实值。在已经确定存在门槛值的情况下（$\beta_1 \neq \beta_2$），同时 γ 作为一致估计量，但渐进分布是非标准的。汉森（Hansen，1999）提出通过构造"非拒绝域"，即满足 $LR_1(\gamma_0) \leqslant c(\alpha)$，得出不能拒绝原假设，其中，$c(\alpha) = -2\ln(1-\sqrt{1-\alpha})$。而对于原假设 H_0：$\beta_1=\beta_2$ 而言，似然比统计量为：

$$LR_1(\gamma) = \frac{S_1(\gamma) - S_1(\hat{\gamma})}{\hat{\sigma}^2} \qquad (3-8)$$

上述模型中假设仅有一个门槛，而当存在双重门槛值或多重门槛值时，可在此基础上扩展模型，在此不再赘述。

3.2.3 变量选择与数据来源

3.2.3.1 因变量：经济增长质量

依据本书第 2 章，本书认为经济增长质量的提升是以经济增长与环境保护之间协调发展为基础的一种经济增长方式。其核心在于全要素生产率的提高，微观上表现在各要素资源投入产出比值的攀升，宏观上则体现在粗放型经济增长向集约型经济增长的转变。本书将对全要素生产率进行测算。对于全要素生产率的测算方法，主要有参数法（索洛残差法和随机前沿方法等）和非参数法（数据包络分析方法），通过对各种方法的简要介绍和适用性分析（相关叙述见本书附录 A），本书选择利用超效率 SBM 模型对经济增长质量指数进行测算。

在测算经济增长质量时，需要选取投入变量和产出变量。本书遵循经济增长经典理论 $Y = f(K, AL)$，Y 表示经济产出，K 表示资本投入，AL 表示有效劳动，选取资本和劳动力作为投入变量，地区生产总值作为产出变量[145,239]。考虑到经济增长质量不仅包括经济效益，同时需要兼顾生态效益和环境效益，本书参考索拉林等（Solarin et al，2021）、钟水映和冯英杰（2017）的观点，将生态足迹和二氧化碳排放量分别作为投入变量和非期望产出引入评价指标体系中，以综合考虑地区经济增长的质量水平（见表 3.1）[240,241]。然后以 2000 年为基期，测算得到 2000~2019 年经济增长质量水平。

表 3.1 投入产出指标

项目	指标
投入	资本
	劳动力
	生态足迹
产出	地区生产总值
	二氧化碳排放量

（1）资本投入。目前，我国尚未公布统一的资本存量的相关数据，参考郭家堂和骆品堂（2016）[239]、孙慧和朱俏俏（2016）[242] 的研究，本书选取区域 2000～2019 年中固定资产投资总额（当年价）作为资本存量的代理变量，并运用永续盘存法得到每年实际资本存量，估算式如下：

$$K_{it} = K_{it-1}(1 - \delta_{it}) + I_{it} \qquad\qquad (3-9)$$

在永续盘存法估算式中，K_{it} 为本期资本存量，K_{it-1} 为上期资本存量，I_{it} 为本期的固定资产投资。在具体的永续盘存过程中，本书借鉴张军等（2004）对于年折旧率 δ_{it} 的估计值 9.6%，并以 2000 年作为基期，通过固定资产投资价格指数进行累计平减，将各年份中固定资产投资额名义值转化为实际值，使数据具有可比性[243]。

（2）劳动力投入。基于数据的可得性，本书借鉴邢贞成等（2018）的做法选取各省份年末全行业从业人员数对劳动力投入情况进行衡量[244]。

（3）生态投入。在全要素测算中，学者们普遍运用能源作为单一的投入变量来衡量社会产出对自然环境的依赖，却忽视了人们在生产生活中产生的生物资源投入，目前，鲜有学者在计算全要素生产率时考虑到生态投入，这使得测算出的全要素生产率指标并不全面[245]。在绿色发展理念下，本书认为，应该将生态环境质量引入经济增长质量的评价体系中，以分析完整的生态投入对经济增长的贡献[240,246]。对于生态足迹概念的介绍与计算过程见本书附录 B。

（4）经济产出。本书使用区域生产总值表征经济产出，区域生产总值是核算体系中一个重要的综合性统计指标，代表一个区域在一定时期内生产活动的最终成果，是衡量区域经济发展状况的关键指标，具有"量"的度量。同时，本书利用 GDP 指数，进行逐年累积相乘与转换得到 GDP 平减指数，将各个年份的名义 GDP 转化为以 2000 年为基期的实际 GDP。

（5）非期望产出。以往许多文献在探讨全要素生产率时，会将非期望产出一同纳入产出指标中，且大多是污染产出，例如固体废物排放、工业污水排放。目前，全球面临着气候变暖的困境，而二氧化碳作为主要的温室气体，过量的排放会造成温室效应、气候变暖、冰川融化、海平面升高等严峻的环境问题，对于人类与所有生物的生存环境均产生较大的影响。因此本书选取二氧化碳排放量代替二氧化硫等非期望产出，对于经济增长质量的衡量更具现实意义。

基于以上分析，我国经济增长质量测度投入变量分别为劳动力、资本、生态足迹，产出变量包括期望产出区域生产总值和非期望产出二氧化碳排放。各变量描述性统计分析如表 3.2 所示。

表 3.2   投入产出变量描述性统计

指标	单位	最大值	最小值	平均值	标准差
年末就业人口	万人	7150.2500	275.5000	2540.5330	1702.0510
固定资产投资额	亿元	37536.1800	151.1400	7917.5140	7283.3770
生态足迹	公顷	7150.2500	275.5000	2540.5330	1702.0510
区域生产总值	亿元	63260.7700	263.5900	10792.3000	11049.9800
二氧化碳排放量	千吨	766600.0000	3244.7660	117225.1000	128319.6000

3.2.3.2   自变量：能源结构转型

依据第 2 章有关能源转型的具体测度，本书利用非化石能源消费占一次能源消费比重表征能源结构转型程度。

3.2.3.3   门槛变量：能源结构转型、能源强度

本书的门槛变量为能源结构转型、能源强度。其中能源结构转型的计算方法如前文所示；能源强度的测量参考齐绍洲和李杨（2018）[84]、胡萌等（2011）[247]学者的研究成果，利用能源消费总量与 GDP 的比值表示。

3.2.3.4   控制变量

为了排除干扰因素的影响，在参考大量相关文献的基础上，本书在模型中加入以下的控制变量。

（1）政府干预。政府干预对经济增长质量的影响具有不确定性。一方面，政府通过财政对区域经济进行干预管理，如利用税收等方式支持环保企业发展和绿色技术创新，可以推动地区经济增长质量提升[248]。另一方面，鉴于地区 GDP 要求和对地方官员的政绩考核，短期内，地方政府可能会注重经济产出，而忽视环境绩效[249]。本书参考洪功翔等（2014）的研究成果，利用扣除了科技、教育、文化和卫生公共支出外的政府支出占 GDP 的比例表征政府干预程度[250]。

（2）信息化水平。信息化水平对经济增长质量的影响具有不确定性。伴随着云计算、智能制造的创新和发展，数字经济模式已经成为市场经济的重要一环，信息化对于推动传统产业向高端智能制造业转型的驱动作用日益显现[251]。同时，信息化水平也促进了分享经济的发展，以互联网为媒介，个体在公共服务平台上分享或使用闲置资源，可以有效地解决信息孤岛的问题，使碎片化的供求双方在公共服务平台中优化资源配置，进而从生产端和生活端促进经济增长质量提升[252]。然而，伴随着信息化水平的不断提升，各种新型数字基础设施建设对地区经济增长发展和生态绩效提升产生了一定的压力，关于"生产率悖论"的讨论也甚嚣尘上[253,254]。本书参考黄群慧等（2019）[255]、刘耀彬等（2017）[256]的研究成果，利用邮电业务量与总人口的比值代表地区信息化水平。

（3）城市化水平。城市化过程伴随着人口和要素的集聚[257]，而集聚的过程对经济增长质量的影响具有不确定性。一方面，伴随着城市化进程的推进，大量的资本、劳动力等要素聚集，有利于资源配置优化和知识溢出，推动了技术进步和产业结构升级，进而可以提升经济增长质量[258]；另一方面，城市化进程也使得楼房、道路等基础设施建设剧增，不可避免地将大量使用水泥、煤炭等高耗能产品，这会加剧环境污染，同时，城市化带来的要素集聚，也可能产生拥堵效应，这些都会抑制经济增长质量提升[257,259]。本书参考张成等（2015）[260]的研究成果，采用城市常住人口占总人口的比例来表征地区城市化水平。

（4）人口密度。古典经济学和新经济学理论均将人口数量作为劳动力的表征变量和经济发展的投入要素，并指出人口总量对于经济增长的重要意义。关于人口密度对于经济增长质量的影响，学者们莫衷一是。部分学者认为提高人口密度有利于提高城市紧凑度，通过基础设施共享提高城市的能源供应效应，进而提高资源配置效率和实现节能减排目标[261,262]。然而，也有学者指出人口密度增加可能抑制经济发展质量的提升，即伴随着人口密度不断增长，过度集聚的不良效应逐渐显现，表现为对城市交通基础设施的巨大压力和城市生态绩效的不利影响[263,264]。本书参考邱立新和周家萌（2020）的研究成果，利用省辖区年末常住人口总数与省辖区面积之比来表征人口密度[265]。

（5）环境规制。传统新古典经济学家普遍认为环境保护的机会成本太高，环境规制会造成被规制企业沉重的经济负担，进而通过"成本效应"和"约束效应"抑制经济增长质量[266,267]。具体来说，为了应对环境规制政策，企业需要投入大量的资金和人力资本用于清洁生产，并改进原有工艺和生产设备，引致劳动、资本等生产要素转入环境治理这一非生产性领域，进而对地区的经济增长质量产生不利影响[268]。然而，波特假说指出，尽管环境规制会给企业带来额外的生产成本，但合理的环境规制会倒逼或激励企业进行技术创新[269]，有助于企业在激烈的市场竞争中获得优势，进而通过"补偿效应"实现经济增长和生态环境的双赢[270]。本书参照王洪庆（2016）的研究成果，利用污染治理完成额与 GDP 的比值表示环境规制程度[271]。

（6）对外开放度。对外开放度对经济增长质量的影响具有不确定性。以进出口贸易为特征的外向型经济是我国经济高速增长的重要原因[272]。一方面，新增长理论强调进出口贸易具有显著的技术溢出效应，认为贸易活动可以通过示范效应和竞争效应，激励内资企业学习前沿生产技术，更新生产工艺，改善环境质量，推动经济高质量增长[273]。同时，企业也可以掌握先进管理和运营方式，引入环境友好型产品，通过知识积累效应和学习效应，推动人力资本积累和产业结构升级，进而推动经济增长质量提升[274]。但是，另一方面，也有学者指出，我国的对外贸易活动中主要表现为以劳动密集型和资源密集型为主要特征的出口贸易，和"三来一补"低技术含量的外商投资，这无助于我国经济增长质量提升[275]。本书参照沈国云（2017）的研究成果，利用进出口贸易额与 GDP 的比值表示对外开放程度[273]。

本书选取 2000~2019 年的相关能源统计数据进行实证研究，选取中国 30 个省份作为研究样本（由于港澳台地区和西藏的能源数据存在明显缺失，故做了剔除处理）。本书使用的相关数据主要来自《中国统计年鉴》和"Wind 经济数据库"；能源消费数据主要来自《中国能源统计年鉴》、北京理工大学国家能源建模集成平台、各类公开统计信息；能源强度和控制变量数据主要来自《中国统计年鉴》《中国人口和就业统计年鉴》以及国家统计局网站等。为了提高估计的准确性和可信度对于可能存在的价格波动的影响，本书利用 GDP 指数、居民消费价格指数和固定资产投资价格指数对所有货币量进行价格平减，进而调整为可比价格，基期为 2000 年[162]。同时，为了避免异方差和多重共线性，对相关变量进行取对数处理[276]。各变量的描述性统计结果如表 3.3 所示。

表 3.3　　　　　　　　变量描述性统计分析

变量	平均值	标准差	最小值	最大值	样本量
Quality	1. 0061	0. 0720	0. 6865	1. 1922	600
TES	0. 1252	0. 1141	0. 0006	0. 4440	600
Energy	0. 8047	0. 1571	0. 4389	1. 4835	600
Gov	0. 1524	0. 0748	0. 0058	0. 5411	600
ICT	0. 1491	0. 1156	0. 0095	0. 8601	600
Urb	0. 5047	0. 1571	0. 1389	1. 1835	600
People	0. 0435	0. 0628	0. 0007	0. 4230	600
Regulation	0. 0016	0. 0014	0. 0000	0. 0099	600
Open	0. 3057	0. 3744	0. 0162	1. 6802	600

3.3　能源结构转型对经济增长质量影响的实证检验

3.3.1　变量多重共线性检验

3.3.1.1　相关系数分析

由表 3.4 变量相关性分析结果可知，核心变量之间具有显著的相关性，能源结构转型与经济增长质量呈现显著正相关，能源强度与经济增长质量呈现显著负相关。变量间的相关系数均小于 0.8，说明可以进行下一步检验。

表 3.4　　　　　　　　　　变量相关性分析结果

变量	Quality	TES	Energy	Gov	ICT	Urb	People	Regulation	Open
Quality	1.0000								
TES	0.1310 ***	1.0000							
Energy	− 0.4830 ***	− 0.1263 ***	1.0000						
Gov	0.2051 ***	0.3639 ***	− 0.0305	1.0000					
ICT	0.4032 ***	− 0.0128	0.7374 ***	0.0489	1.0000				
Urb	0.3660 ***	− 0.1263 ***	0.2090 ***	− 0.0305	0.7374 ***	1.0000			
People	0.0789 *	− 0.2420 ***	0.5196 ***	− 0.2044 ***	0.5125 ***	0.5196 ***	1.0000		
Regulation	− 0.1699 ***	− 0.1532 ***	− 0.2314 ***	0.0942 **	− 0.2580 ***	− 0.2314 ***	− 0.1990 ***	1.0000	
Open	0.1197 **	− 0.1807	0.5951 ***	− 0.3060 ***	0.5639 ***	0.5951 ***	0.7041 ***	− 0.1761 ***	1.0000

注：***、**、*分别表示显著性在 0.01、0.05、0.1 的水平。

3.3.1.2　方差膨胀因子 VIF 分析

针对文中变量，方差膨胀因子 VIF 检验结果如表 3.5 所示，所有变量中最大的 VIF 值为 2.6400，远小于 10。结合相关系数和方差膨胀因子 VIF 的分析结果，说明变量间并不存在多重共线性[57]，可以进行下一步检验分析。

表 3.5　　　　　　　　　　各变量的方差膨胀因子

项目	TES	Gov	ICT	Urb	People	Regulation	Open	均值
VIF	1. 3000	1. 3800	2. 5200	2. 5200	2. 1700	1. 1600	2. 6400	1. 9600
1/VIF	0. 7706	0. 7241	0. 3970	0. 3976	0. 4601	0. 8603	0. 3787	0. 5102

3.3.2　门槛检验

能源结构转型门槛效应检验结果如表 3.6 所示，自变量为能源结构转型。当门槛变量为能源结构转型时，单一门槛效应显著（p 值为 0.0533），而双重门槛效应不显著（p 值为 0.3067），即存在单门槛值；当门槛变量为能源强度时，单一门槛效应显著（p 值为 0.0100），而双重门槛效应不显著（p 值为 0.4800），即存在单门槛值。

表 3.6　　　　　　　能源结构转型门槛效应显著性检验结果

模型	门槛变量	门槛模型	f 值	p 值	BS 次数	临界值		
						1%	5%	10%
模型 1	TES	单门槛	17. 47 *	0. 0533	300	14. 6322	17. 7288	25. 6602
		双门槛	8. 41	0. 3067	300	18. 1544	28. 0608	39. 1932
模型 2	Energy	单门槛	30. 65 **	0. 0100	300	15. 8815	21. 5362	30. 5965
		双门槛	7. 85	0. 4800	300	22. 0070	33. 1069	47. 2799

注：** 、* 分别表示显著性在 0.05、0.1 的水平。

以门槛变量的 5% 分位数作为搜索起点，使残差平方和最小时的门槛变量取值即为门槛估计值。得到门槛的估计量后，还需要检验门槛估计值是否等于其真实值，检验估计结果见表 3.7。当门槛变量为能源结构转型时，单门槛值为 0.0102，对应的 95% 的置信区间分别为 [0.0096，0.0113]；当门槛变量为能源强度时，单门槛值为 0.9567，对应的 95% 的置信区间分别为 [0.9221，0.9645]。为了更清楚地阐述门槛值估计的过程，绘制两个门槛变量门槛估计值的似然比函数图（见图 3.2 和图 3.3），图中的实线为门槛变量似然比，虚线为 5% 显著性水平下的临界值。

表3.7　　　　　　　　　　　　　门槛值与置信区间

模型	门槛变量	检验	门槛估计值	95%置信区间
模型1	*TES*	单门槛值	0.0102	[0.0096，0.0113]
模型2	*Energy*	单门槛值	0.9567	[0.9221，0.9645]

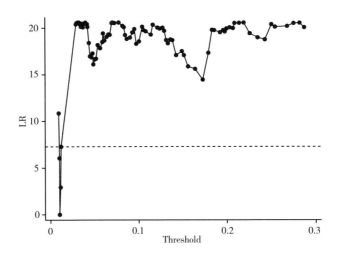

图3.2　模型1门槛值和置信区间

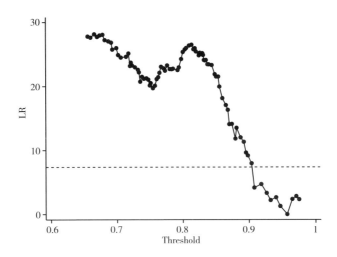

图3.3　模型2门槛值和置信区间

3.3.3　假设检验

根据门槛回归的结果，在每个模型中按门槛值对面板数据进行分类。表 3.8 列示了两个模型分类后的回归结果。

表 3.8 模型参数估计结果

变量	模型 1	模型 2
Gov	0. 2632 *** (3. 25)	0. 1679 ** (2. 04)
ICT	0. 2453 *** (6. 52)	0. 2688 *** (7. 21)
Urb	0. 1766 *** (4. 78)	0. 2801 *** (7. 12)
$People$	− 1. 5605 *** (−5. 26)	− 1. 9278 *** (−6. 49)
$Regulation$	− 0. 0565 (−0. 02)	0. 1326 (0. 05)
$Open$	0. 0581 ** (2. 45)	0. 0115 (0. 46)
$TES_{it} \leqslant 0.0102$	− 6. 2228 *** (−4. 04)	
$TES_{it} > 0.0102$	0. 1120 ** (2. 22)	
$Energy_{it} \leqslant 0.9567$		0. 1249 ** (2. 51)
$Energy_{it} > 0.9567$		− 0. 2639 *** (−3. 09)
$cons$	0. 8794 *** (48. 63)	0. 8690 *** (49. 16)

注：*** 、** 分别表示显著性在 0. 01、0. 05 的水平。括号中的数值表示 t 统计值。

在模型 1 中，当能源结构转型水平较低时（$TES_{it} \leq 0.0102$），能源结构转型对经济增长质量具有负向影响，且在 1% 水平上显著，能源结构转型水平每提升 1%，经济增长质量下降约 6.2228%。当能源结构转型水平较高时（$TES_{it} > 0.0102$），能源结构转型对经济增长质量具有正向影响，且在 5% 水平上显著，能源结构转型水平每提升 1%，经济增长质量提高约 0.1120%。可见，能源结构转型对经济增长质量的影响会受到能源结构转型进程的调节作用，伴随着能源结构转型水平跨越门槛值，能源结构转型对经济增长质量的影响方向发生结构突变，由显著的负向影响变为显著的正向影响。

能源转型是一个设计范围广泛且十分复杂的过程，新能源供应和能源使用方式更新需要基础设施、生产设备和技术能力的有效支持，在能源结构转型初期，所需的基础设施建设、开采技术研发、清洁生产工艺更新等方面的初始成本较高，具有显著的成本劣势；政府为了鼓励非化石能源消费，不可避免地需要进行政府补贴，这不仅会增加政府财政负担，同时，财政支出也会转嫁到下游企业和终端消费者，进而对地区企业生产行为和消费者消费行为产生较大影响。因此，本书认为，在能源结构转型的初期，能源结构转型具有一定的经济代价。伴随着非化石能源消费规模不断扩大，初始成本被分摊，技术人力资本积累愈加雄厚，清洁生产技术扩散等，这些都促进了能源转型规模效应和干中学效应的显现，表现为能源安全稳定、能源效率提高以及环境污染减轻等。在能源结构转型跨越门槛值后，其对经济增长质量的影响方向由负变为正。即假设 H3 - 1 得到验证。

在模型 2 中，当能源强度水平较低时（$Energy_{it} \leq 0.9567$），能源结构转型对经济增长质量具有正向影响，且在 5% 水平上显著，能源结构转型每提升 1%，会推动经济增长质量水平提高 0.1249%。当能源强度高于门槛值，能源结构转型对经济增长质量的作用方向发生结构突变，影响系数由正值变为负值，影响系数为 -0.2639 且在 1% 水平上显著。可见，能源结构转型对经济增长质量的影响会受到能源强度的调节作用，伴随着能源结构转型水平跨越门槛值，能源结构转型对经济增长质量的影响方向发生结构突变，由显著的促进作用变为显著的抑制作用。

不难看出，在探讨能源结构转型与经济增长质量的影响关系时，充分考虑能源强度是十分必要的。在能源强度较高的地区，经济体对能源消费以及化石能源消费的依赖程度较大。在非化石能源替代传统化石能源的过程中，这些地区的经济发展将会面临重创，清洁能源技术转型和能源结构转型面临着较大阻碍。而在能源强度较低的地区，对于能源消费的依赖程度较小，增加非化石能源和减少化石能源的要素替代经济成本较小，替代效应更大。可见，能源强度高的地区，能源结构转型对经济增长质量的驱动作用相对有限，摆脱能源依赖是能源结构转型过程中，地区政府应该特别注重的问题。即假设 H3－2 得到验证。

对于控制变量而言，政府干预、信息化水平、城市化水平对经济增长质量都呈现出显著正相关关系，而人口密度对经济增长质量的影响为负，环境规制对经济增长质量的影响则表现出不显著的正向影响。

3.3.4 区域异质性检验

本节根据门槛值将样本划分为不同的区间（见表 3.9），观察各门槛间内地区和数目的变化。

表 3.9　　　2000～2019 年不同门槛区间内省份数目变化统计结果　　单位：个

门槛区间	2000 年	2005 年	2010 年	2015 年	2017 年	2019 年
$TES_{it} \leqslant 0.0102$	0	4	1	0	2	0
$TES_{it} > 0.0102$	30	26	29	30	28	30
$Energy_{it} \leqslant 0.9567$	2	3	4	7	7	11
$Energy_{it} > 0.9567$	28	27	26	23	23	19

由表 3.9 可知，对于能源结构转型门槛变量，2010 年以后，将近 30 个省份跨入能源结构转型高水平区间，通过能源结构转型促进经济增长质量提升的推动作用已经充分显现，但 2017 年，山西和内蒙古两个省份的能源结构转型水平却明显下降，重新进入转型低水平区间。山西和内蒙古

属于具有明显化石能源禀赋的省份，尤其是山西省"煤炭—焦炭—钢铁"主导产业链严重制约了经济增长与生态保护脱钩共赢，在能源结构转型的长期进程中，出现了能源回弹效应。对于能源强度门槛变量，2000年有28个地区处于高能源强度区间，此后高能源强度区间内地区数量不断减少，直至2019年，已有11个地区处于低能源强度区间。总体上，区域能源强度呈现不断下降的趋势，但是不同能源强度区间内区域数量变化较慢，这也说明高能源强度地区需要较长时间来摆脱能源依赖。

由此可见，我国目前大规模地推动能源转型在多数地区均能够获得绿色增长效果，但仍有部分地区需要进一步加快能源结构转型进程，并降低自身的能源强度，以充分发挥能源结构转型的低碳驱动作用，助力我国能源清洁化转型、经济发展方式变革和经济增长质量提升。

对于化石能源消费占比仍然较大的地区，发展非化石能源可能会由于高昂的经济成本而造成一定的经济损失，国家应通过有效经济与非经济措施引导企业行为，加速推进地区能源转型进程，进而提升经济增长的潜力。例如，政府可以对光电、风电等非化石能源生产进行补贴，弥补非化石能源的成本劣势，以经济扶持的方式促进企业革新生产工艺，推动结构转型。

对于能源强度较高的地区，应着力突破对能源消费的路径依赖，提高非化石能源资源勘探开发和使用的技术质量，强化非化石能源输送和上网的基础设施和制度建设，进而促进经济发展模式转变，提升经济增长质量的潜力。工业化和城镇化进程的不断加快，极大地促进了对钢铁、水泥等高能耗产品的需求，进而推动了能源密集型企业的发展。为了摆脱地区对于能源消费的路径依赖，打破化石能源对于经济增长的锁定效应，政府应该着力促进产业结构转型升级，转变经济增长模式。同时，政府需要避免高能耗产业的盲目扩张，提高高投入、低产出行业的准入标准，改造和升级高碳产业。此外，政府应该通过税收减免、金融信贷等措施促进智能制造和高技术产业发展，促进工业内部的资源重组及结构升级。

3.3.5 稳健性检验

为考察结果是否稳健，本书利用三种方法分别对模型的稳健性进行检验。首先，为避免模型内生性、估计偏误等问题，本书纳入核心解释变量能源技术转型（lnet）以及能源政策转型（Policy）对模型重新进行估计，发现实证结果并无明显差别，验证了上述模型结果的稳健性。其次，本书更换被解释变量经济增长质量（Quality）的测算方法，即在规模报酬不变的假设下，基于超效率 SBM-DEA 测算以投入为导向的全要素生产率，得到的模型结果并未出现显著差异，进一步证实了本书模型的稳健性。最后，本书借鉴齐绍洲[84]的稳健性检验方法，试图调整研究样本，检验离群值可能对结果的偏误，验证稳健性，依此删除经济增长质量指数最大和最小的 1%、5% 和 10% 左右的样本，分别对 28 个省份、26 个省份和 24 个省份进行如上门槛模型检验，结果中的解释变量影响系数和显著性水平均与前面的结果相类似，没有明显差别，表明实证结果稳健。检验结果如表 3.10 所示。

表 3.10 稳健性检验估计结果

变量	模型 1	模型 2
Gov	0.2573 *** (3.11)	0.1389 * (1.65)
ICT	0.2475 *** (6.08)	0.2751 *** (6.81)
Urb	0.1793 *** (4.58)	0.2887 *** (6.93)
People	− 1.7888 *** (− 5.60)	− 2.1391 *** (− 6.63)
Regulation	− 0.8356 (− 0.30)	− 0.8325 (− 0.31)

变量	模型1	模型2
Open	0.0634 ** (2.30)	0.0096 (0.34)
$TES_{it} \leqslant 0.0120$	−5.4717 *** (−3.92)	
$TES_{it} > 0.0120$	0.1024 ** (2.00)	
$Energy_{it} \leqslant 0.9462$		0.1346 *** (2.66)
$Energy_{it} > 0.9462$		−0.2333 *** (−2.83)
cons	0.8916 *** (48.40)	0.8784 *** (49.42)

注：*** 、** 、* 分别表示显著性在 0.01、0.05、0.1 的水平。括号中的数值表示 t 统计值。

3.4 能源结构转型对经济增长质量影响的实证检验结果分析

一般理论认为，能源结构的变动会影响企业用能成本、经济利润和环境效益。很多研究探讨了不同类型的能源使用，如化石能源消费、清洁能源发展、非化石能源消费占比对经济增长的影响。但已有关于能源消费对经济社会系统影响的研究，结果存在不同的意见。本书从区域异质性的调节作用角度提供了一个新的视角，基于不同水平的能源结构转型和能源强度，分析了能源结构转型对经济增长质量的差异性影响作用。

首先，当以能源结构转型为门槛变量时，根据实证研究的结果，伴随着转型进程不断推进，能源结构转型对经济增长质量的作用方向发生结构突变，表现为由显著的抑制影响转变为显著的促进作用。能源结构转型是一个长期过程，化石能源使用所导致的负外部性，使得经济增长处于一种不可持续状态。短期内，由于非化石能源的初始成本较大，所以具有一定的经济代价。伴随着非化石能源消费占比的不断提升，非化石能源消费的正外部性逐渐显现，能源结构转型对经济增长质量的影响变为显著的促进作用。

其次，当以能源强度为门槛变量时，伴随着能源强度跨越门槛值，能源结构转型对经济增长质量的影响由显著的正向作用转变为显著的负向作用。经济长期的粗放型增长方式造成了对化石能源消费的锁定效应，尤其是中西部地区，使得经济发展主要趋向于数量型增长，而非质量型增长。伴随着地区经济发展与能源消耗逐渐脱钩，能源依赖程度不断降低，能源结构转型对经济增长质量的促进作用不断增强。

最后，根据门槛等级将 30 个省份划分为能源结构转型低水平地区（ $TES_{it} \leqslant 0.0102$ ）和高水平地区（ $TES_{it} > 0.0102$ ），以及能源强度低水平地区（ $Energy_{it} \leqslant 0.9567$ ）和高水平地区（ $Energy_{it} > 0.9567$ ）。2010 年以后，大多数省份位于能源结构转型高水平区间，但是仍有半数以上地区处于高能源强度区间，说明我国能源结构转型中应注重优化能源结构以及降低能源强度，从而推动经济增长质量提升。

3.5　本章小结

本章首先从理论层面论证了能源结构转型对经济增长质量的影响机理，进而利用面板门槛模型，以能源结构转型、能源强度为门槛变量，对 2000～2019 年我国 30 个省份的能源结构转型对经济增长质量的门槛效应进行了实证分析。最后讨论了区域异质性作用下，如何通过能源结构转型战略推动地区经济增长质量提升。

第4章

能源技术转型对经济增长质量的影响研究

能源转型主要包含能源结构转型、能源技术转型和能源政策转型三条路径，本章将探究能源技术转型对经济增长质量的影响作用。基于技术创新的外溢效应，立足空间视角，探究能源技术转型对经济增长质量的影响作用。

4.1 能源技术转型对经济增长质量影响的分析基础

4.1.1 引入能源约束的内生增长模型

在生产函数的决定要素中，传统的经济理论认为资本与劳动力是两大关键的指标，却忽视了技术内生作用，而新经济增长理论将技术作为内生变量，放置于经济系统的中心位置。根据内生经济增长模型，尽管技术这一要素在提升与突破中具有不确定性，但是总体上仍然会与其他投入要素的增长呈正比例变化，并且直接决定经济增长率的提升。此外，主流的经济增长理论忽视了能源要素的内生影响，通常将能源要素转化为资本与劳动投入的可替代指标纳入生产函数中。直至 20 世纪 70 年代两次石油危机的爆发，经济学家们开始重视能源要素系统对于经济增长的内生影响，并逐渐意识到能源消费量、能源禀赋、能源技术以及能源利用效率等因素对于经济增长发挥着不可替代的作用。

在本书中，基于狭义视角将经济增长质量界定为一种经济效率问题，并落脚于各类要素投入产出效率上。本书充分考虑了能源的不可替代性与技术的内生性，将能源要素纳入内生经济增长模型中，并基于柯布－道格拉斯（Cobb-Douglas）生产函数，构建了引入能源约束的生产函数：

$$Y = F_1(K_t, L_t, R_t, E_t)$$
$$= K^a L^b R^c E^d \qquad (4-1)$$

式（4-1）中，Y 代表经济总量，即社会生产总产品；F_1 是在柯布－道格拉斯生产函数基础上进一步拓展而得的；K_t 为全社会资本投入，L_t 为总劳动力投入，R_t 和 E_t 分别表示技术创新水平与能源总投入；基于规模报酬不变的特征，$a + b + c + d = 1$，各参数表示投入要素的比重，且各比重处于 0 与 1 之间。

在生产函数式（4-1）中，包含了如下假设：其一，经济增长是由资本、劳动力、创新以及能源要素系统共同决定的；其二，能源要素系统包含着能源资本投入、能源产业劳动力投入以及能源技术转型；其三，能源技术转型活动会产生溢出效应，为经济增长质量提供技术支持。

本书将能源要素进行详细分解，构造如下能源生产函数：

$$E = F_2(E_K, E_L, E_R)$$
$$= E_K{}^e E_L{}^f E_R{}^g \qquad (4-2)$$

$$\begin{cases} E_K = eK_t \\ E_L = fL_t \\ E_R = gR_t \end{cases} \qquad (4-3)$$

式（4-3）中，E_K、E_L、E_R 分别为能源资本投入、能源劳动投入和能源技术转型；e、f、g 分别代表各能源要素投入占能源总投入的比例，例如 f 为能源劳动力投入占社会总劳动力投入的比重，g 为能源技术转型 R&D 的投入比重，同样也作为能源技术转型投入在总要素比重中的占比。其中，$e+f+g=d$，且 $0<e<a$，$0<f<b$，$0<g<c$。

进一步地，对式（4-1）和式（4-2）进行转化与指标简化。首先，对式（4-1）与式（4-2）进行全微分计算，得到以下方程：

$$\frac{\partial \ln Y}{\partial t} = \frac{\partial \ln Y}{\partial \ln K} \cdot \frac{\partial \ln K}{\partial t} + \frac{\partial \ln Y}{\partial \ln L} \cdot \frac{\partial \ln L}{\partial t} + \frac{\partial \ln Y}{\partial \ln R} \cdot \frac{\partial \ln R}{\partial t} + \frac{\partial \ln Y}{\partial \ln E} \cdot \frac{\partial \ln E}{\partial t} + \frac{\partial \ln Y}{\partial \ln t}$$

$$(4-4)$$

$$\frac{\partial \ln E}{\partial t} = \frac{\partial \ln E}{\partial \ln E_K} \cdot \frac{\partial \ln E_K}{\partial t} + \frac{\partial \ln E}{\partial \ln E_L} \cdot \frac{\partial \ln E_L}{\partial t} + \frac{\partial \ln E}{\partial \ln E_R} \cdot \frac{\partial \ln E_R}{\partial t} + \frac{\partial \ln E}{\partial \ln t}$$

$$(4-5)$$

其次，基于弹性系数的定义与性质，可以将上述分解偏微分部分进行转化：

$$\begin{cases} \dfrac{\partial \ln Y}{\partial \ln K} = \dfrac{\partial Y}{\partial K} \cdot \dfrac{K}{Y} = a \\[3mm] \dfrac{\partial \ln Y}{\partial \ln L} = \dfrac{\partial Y}{\partial L} \cdot \dfrac{L}{Y} = b \\[3mm] \dfrac{\partial \ln Y}{\partial \ln R} = \dfrac{\partial Y}{\partial R} \cdot \dfrac{R}{Y} = c \\[3mm] \dfrac{\partial \ln Y}{\partial \ln E} = \dfrac{\partial Y}{\partial E} \cdot \dfrac{E}{Y} = d \end{cases} \qquad (4-6)$$

同样地，根据能源生产函数，将能源系统各要素弹性系数表示为：

$$\begin{cases} \dfrac{\partial \ln E}{\partial \ln E_K} = \dfrac{\partial E}{\partial E_K} \cdot \dfrac{E_K}{E} = e \\[3mm] \dfrac{\partial \ln E}{\partial \ln E_L} = \dfrac{\partial E}{\partial E_L} \cdot \dfrac{E_L}{E} = f \\[3mm] \dfrac{\partial \ln E}{\partial \ln E_R} = \dfrac{\partial E}{\partial E_R} \cdot \dfrac{E_R}{E} = g \end{cases} \qquad (4-7)$$

再其次，根据增长率公式，得到式（4-8）：

$$
\begin{cases}
\dfrac{\partial \ln Y}{\partial t} = \dfrac{\partial Y}{\partial t} \cdot Y = \dfrac{\dot{Y}}{Y} = g_Y \\[2mm]
\dfrac{\partial \ln L}{\partial t} = \dfrac{\partial L}{\partial t} \cdot L = \dfrac{\dot{L}}{L} = g_L \\[2mm]
\dfrac{\partial \ln K}{\partial t} = \dfrac{\partial K}{\partial t} \cdot K = \dfrac{\dot{K}}{K} = g_K \\[2mm]
\dfrac{\partial \ln R}{\partial t} = \dfrac{\partial R}{\partial t} \cdot R = \dfrac{\dot{R}}{R} = g_R \\[2mm]
\dfrac{\partial \ln E}{\partial t} = \dfrac{\partial E}{\partial t} \cdot E = \dfrac{\dot{E}}{E} = g_E
\end{cases}
\tag{4-8}
$$

式（4-8）中，g_Y、g_L、g_K、g_R、g_E 等指标分别代表经济增长率以及各要素增长率情况，类似地，通过对式（4-2）进行分解转化，得到能源投入各要素增长率 i_L、i_K、i_R。

最后，通过指标代替与简化，可以将纳入能源要素的生产函数变形为：

$$
\begin{aligned}
g_Y &= a g_K + b g_L + c g_R + d(e i_K + f i_L + g i_R) + g_t \\
&= A g_K + B g_L + C g_R + D g_t
\end{aligned}
\tag{4-9}
$$

根据上述纳入能源约束的内生经济增长模型，可以得到：当能源要素内生化时，总体资本、劳动力与技术创新等要素均受到能源投入的影响，使得修正后的经济增长率同时受到劳动力、资本、能源投入与能源技术转型的共同制约。一方面，就能源生产函数而言，能源技术转型活动会直接影响到能源系统的资源配置率，进而对能源要素投入产生影响；另一方面，就总生产函数而言，能源技术转型的增长会涉及总体技术增长以及能源消费总量的波动，进而对经济增长质量发挥影响。

4.1.2 能源技术转型对经济增长质量的直接影响分析

能源技术的发展源自能源产业环境中知识的增量、政府的管制与市场供需的变化[277]。从理论上讲，能源技术转型活动作为一种知识密集型要素，对于经济增长质量发挥着重要的作用[232]。根据内生经济增长理论，知识流动、技术创新等往往是克服要素报酬递减、维持经济持续增长的关键，而在内生增长模型中所重点探讨的技术、研发、知识等变量在广泛意义上则可以被称为"创新"，是经济增长的重要发动机[278]。有研究进一步将熊彼特创新理论引入内生增长模型，并基于"创造性毁灭"的思想定义了创新的过程和结果，揭示了创新对于经济增长的驱动作用，提出创新是经济发展的原动力[229]。

首先，从能源技术转型的经济效益角度来看，能源技术转型活动能够推动与能源消耗、节约与利用相关的新产品、新方法的实现，有效增加工业企业所有者权益，引领工业企业向好的方向发展，对经济总量具有积极影响；其次，从能源技术转型行为影响资源配置效率的角度来看，能源企业将生态环境与资源约束纳入生产与消费中，在技术创新角度更加注重节约能源要素、减少污染物排放并且注重对非化石能源的开发利用；再其次，从能源技术转型的减排效果来看，节能减排能源技术转型以及非化石能源技术转型能够促进生产、运输与消费等环节降低碳排放，并通过产业结构的变化调整以制造业为主的碳排放格局，从而发挥出有利的"碳排放效应"，以绿色制造彰显出国际竞争力，而企业生产率与经济增长率也在减排效应下规模经济的实现中稳步提高；最后，从能源—经济—环境系统整体层面上，基于现有能源的有效利用与减排制约丰富了传统能源供给的种类与方式，并在需求端丰富了消费选择，而基于非化石能源开发与利用的能源技术转型活动呈现出更加丰富的产品供应与需求。能源技术转型基于需求端的选择与供给端的竞争效应进一步推动了产业结构升级进程。新的能源系统凭借其节能减排、高效环保、低碳智能等优势逐渐改变消费者原有偏好，从而减少对化石能源的依赖。

在现有研究中，学者们基本肯定了技术创新的外部性特征与技术要素报酬递增的优势[279]。然而，现阶段，我国能源技术转型水平整体较低，其规模经济效应并未得到普遍证实[280]，且有部分学者认为能源技术会受到区域条件以及创新水平影响对经济增长质量发挥出不同的影响作用[281]。一方面，在实践中，能源技术转型不论是从节能减排技术创新角度还是非化石能源利用技术创新角度来说，都是一个基础相对薄弱的技术创新环节，处于初期的能源技术转型大多表现出高成本、低收益且产品创新周期较长的特点，所以不成熟的能源技术转型并不能够发挥出良好的规模经济效益[213]。在环境效益方面，根据既往研究结论，在能源技术提高的过程中存在着"能源回弹效应"，即各类生产要素在技术进步的推动下会产生不同比例的替代效应，能源效率得到提升，进一步刺激能源消费，产生非预期污染排放[282]，无益于经济增长质量的提升。另一方面，随着能源技术转型活动过渡到成长阶段并逐渐走向成熟，厂商为获得垄断利润不断增加研发投入，知识存量为能源技术转型活动注入动力，进而推动了新产品和新方法的实现，在此过程中，企业受限于环境规制而支付的"排污费"等环境成本被更高的经济效益弥补，从而提高经济增长质量。

基于以上分析，本章提出以下假设。

H4-1：能源技术转型对于经济增长质量存在显著的 U 型空间直接影响。

4.1.3　能源技术转型对经济增长质量的间接影响分析

在低碳经济发展背景下，绿色创新成为区域经济增长的决定性因素[283]。自以罗默（Paul M. Romer）、卢卡斯（Robert E. Lucas）为代表的内生增长经济理论兴起以来，技术要素的规模报酬递增特点被经济学家们重视。根据马歇尔外部性理论以及罗默的知识溢出增长模型，作为技术要素细分的能源技术转型，具有明显的规模经济效应，并通过区域内部微观主体的分工以及要素空间集聚产生溢出效应，能源技术转型的溢出影响能够弥补其他要素的边际收益递减效应，进而从根本上促进经济持续向好发展[284]。同时，能源技术要素的流动是逐利的，在地理空间中会发生区域间的转移与流通，基于创新地理学中创新与地理空间的交互思想，能源技术转型会通过创新人才的区际流动、能源创新成果的区际贸易投资、能源创新知识的区际可移动转移性以及不同区域创新的互补性特征对经济增长质量产生十分重要的影响[285]。

基于技术的外部性与溢出性，能源技术转型能够对外部经济增长质量产生间接影响，但是这种外溢的影响效果并不必然引起整体区域的经济向好增长。一方面，根据空间交互作用理论，能源技术转型所发挥的空间相互作用极有可能遵循着"距离衰减规律"[286,287]。基于地理学第一定律，区域间地理位置的邻近性以及空间距离不仅会影响能源技术转型要素流动的空间需求，也会在很大程度上影响其流动成本如交通、运输成本等，进而对能源技术转型要素空间流动效率产生影响[287]。另一方面，区域经济发展以及资源禀赋的不同也会对能源技术转型的溢出效应产生影响。增长极理论指出，在创新初期，创新能力较高的地区更加容易产生集聚并能够优先形成"经济增长极"[288]。随着全国整体能源技术转型能力的攀升，地区能源技术转型的扩散与溢出会弥补要素逐利的弊端，对劣势地区产生积极的涓滴效应，推动外部经济增长质量的提升。

基于上述分析，本章提出以下假设。

H4-2：能源技术转型对于经济增长质量存在显著的 U 型空间溢出影响。

4.2　能源技术转型对经济增长质量影响的研究模型

伴随着区域间资本、劳动力等生产要素的频繁流动，区域间的壁垒被不断打破，空间关联性逐渐增强。在密切的空间关联中，要素流动不可避免地会产生空间溢出效应。外溢是创新的一个重要特征，区域间由于知识流动、技术交流等方式，会产生显著的创新的外溢效应[289]。不仅如此，以全要素生产率衡量的经济增长质量也可能存在空间相关性[290]。这说明某省份的能源技术转型行为、经济增长质量都可能对其他区域产生溢出。因此，有关能源技术转型与经济增长质量之间的关系，本章结合空间计量经济学，探究能源技术转型行为对于经济增长质量的空间影响。

4.2.1　研究模型构建

考虑到地理位置与区域空间影响，传统的计量经济模型忽略了空间依赖性与空间异质性对经济活动带来的影响。例如，普通最小二乘法等计量方法无法识别研究要素的空间特征，使原本具有空间关联的因素在计量回归中出现结果的偏差。空间计量学的应用将传统模型忽视的空间依赖性与空间异质性纳入空间效应的研究中。所谓空间依赖性，源自"地理学第一定律"，即地理距离越近的事物表现出更强的空间相关，依据这种空间相关所表现的对象不同（如误差项、被解释变量或解释变量），空间模型的设定也不同；而空间异质性则源自"地理学第二定律"，是指从整体来看，不同地理区域缺乏均质性，存在着发达地区和欠发达地区、核心区域和边缘区域等经济地理结构，从而导致不同区域经济发展与创新活动水平不同，且存在着一种长期的普遍的不稳定性，由于显著区域异质性的存在，对于我国区域经济问题的研究，更是如此。

4.2.1.1　实证模型构建

技术的溢出性是学术界广泛认同的结论，本章聚焦于能源技术转型对于经济增长质量的影响作用。在能源技术转型的基础上加入空间因素，首先构建出空间面板杜宾模型，并通过统计检验等方法判断空间杜宾模型是否可以退化为空间滞后模型或者空间误差模型的统计检验，进而探究能源技术转型对于经济增长质量的空间影响以及各类影响因素的空间效应。本章构建空间杜宾模型如下：

$$Quality = \rho W \times Quality + \beta X + \theta W \times X + \mu \qquad (4-10)$$

其中，$Quality$ 为通过非参数数据包络分析方法得到的经济增长质量指数，以劳动力、资本与生态足迹为投入指标，以区域总产值为期望产出，并将二氧化碳排放作为非期望产出。X 是一组解释变量组成的向量矩阵，包含着核心解释变量能源技术转型（lnet）和其二次项（lnet）^{2}，以及一组控制变量——政府干预（Gov）、信息化水平（ICT）、城镇化水平（Urb）、人口密度（Pople）、环境规制水平（Regulation）以及对外开放度（Open），同时，将能源结构转型和能源政策转型也作为控制变量纳入研究模型中；ρ 为空间自回归系数，表示不同区域间（Quality）的相互影响作用，ρ 是否能通过显著性检验是空间效应存在与否的重要条件；β 为各个解释变量对 $Quality$ 的影响系数；θ 为来自其他区域个体自变量对于因变量的影响向量系数；μ 代表随机扰动向量。

另外，在式（4-10）中，W 为空间权重矩阵，是空间计量经济学模型中重要的组成部分，根据本章的研究需要，分别构建出如下三类空间权重矩阵。

1. 0-1 邻接权重矩阵

本章建立的是基于 Rook 相邻的 0-1 邻接矩阵，当两个空间决策单元具有共同的边界时，ω_{ij} 为 1，否则为 0。0-1 空间权重矩阵的意义在于两个地区只有在相邻的情况下，才会发生一定的空间关联，在矩阵构建中，假定海南省与广东省具备 Rook 相邻的条件，矩阵具体设定如下：

$$\omega_{ij} = \begin{cases} 1, \text{区域} i \text{与区域} j \text{相邻} \\ 0, \text{区域} i \text{与区域} j \text{不相邻} \end{cases} \qquad (4-11)$$

2. 地理距离权重矩阵

根据地理学第一原理：距离相对更近的事物之间比距离相对更远的

事物的联系更为密切。在地理距离权重矩阵中，将各区域之间地理距离倒数的平方项作为空间权重矩阵非对角元素。本章所设定的地理距离为通过区域经度与维度坐标数据得到的欧式距离，设定权重矩阵非对角元素如下：

$$\omega_{ij} = \frac{1}{d_{ij}{}^2} \qquad (4-12)$$

3. 地理—经济距离权重矩阵

上述 0-1 邻接距离权重矩阵与地理距离权重矩阵都是基于地理相邻或空间位置关联而构建的矩阵，与模型本身的数据指标并不相关，即具有独立的外生性。而由于与研究对象相关因素条件各不相同，单纯的地理关系因素并不能够全面反映出被解释变量空间关系。因此，基于非地理因素与地理位置的嵌套权重矩阵——地理—经济距离权重矩阵被学者们建立，并应用于经济因素在空间上的相互关系研究，而且得到了广泛的认可和应用。在纳入经济因素后，权重矩阵很可能与模型产生内生性问题，因此通常用各个空间单元在研究样本期内的人均 GDP 的年平均值作为经济联系的考量，从而减少估计偏差，构建权重矩阵如下：

$$\omega_{ij} = \begin{cases} 0, i = j \\ \dfrac{y_i \cdot y_j}{d_{ij}{}^2}, i \neq j \end{cases} \qquad (4-13)$$

4.2.1.2　空间效应分解

本书所建立的空间杜宾模型经过移项与逆矩阵变换后，得到如下表达式：

$$Quality = (I - \rho W)^{-1}(X\beta + WX\theta) + (I - \rho W)^{-1}\mu \qquad (4-14)$$

设定空间决策单元数为 N，求解因变量对自变量的偏导数，得到以下矩阵：

$$\left[\frac{\partial Quality}{\partial x_{1k}},\cdots,\frac{\partial Quality}{\partial x_{1k}}\right] = \begin{bmatrix} \dfrac{\partial Quality_1}{\partial x_{1k}} & \cdots & \dfrac{\partial Quality_1}{\partial x_{Nk}} \\ \vdots & & \vdots \\ \dfrac{\partial Quality_N}{\partial x_{1k}} & \cdots & \dfrac{\partial Quality_N}{\partial x_{Nk}} \end{bmatrix}$$

$$= (I - \rho W)^{-1} \begin{bmatrix} \beta_k & \omega_{12}\theta_k & \cdots & \omega_{1N}\theta_k \\ \omega_{21}\theta_k & \beta_k & \cdots & \omega_{2N}\theta_k \\ \vdots & \vdots & & \vdots \\ \omega_{N1}\theta_k & \omega_{N2}\theta_k & \cdots & \beta_k \end{bmatrix} \quad (4-15)$$

其中，x_{Nk} 表示 N 地区的第 k 个变量，$Quality_N$ 表示 N 地区的经济增长质量，ρ 为空间自相关系数，W 代表模型具体设定的空间权重矩阵，ω_{ij} 则是标准化空间权重矩阵 W 中第 i 行、第 j 列的矩阵元素，β 为外生变量的区域内部影响系数，θ 代表外生变量的空间影响系数。

实际上，由于空间决策单元的不同，其所产生的直接效应与间接效应均不相同，当 N 较大时，空间计量模型所测度的空间效应实际上是一种平均空间效应。在偏导数矩阵中，全部对角元素的平均值代表平均直接效应，即包含着区域内部各外生变量对被解释变量的影响与空间反馈效应；各行非对角元素之和的平均值或者各列非对角元素的平均值则代表空间决策单元的间接效应（溢出效应）。以行取平均，是探究外部区域 x 的变化对本区域经济增长质量（$Quality$）的平均影响；以列取平均，则是探讨区域内部 x 对其余各区域的经济增长质量（$Quality$）的平均溢出影响。通常情况下，两类方法求得的间接效应结果是相同的。值得注意的是，从偏导数矩阵中可以得到空间效应的存在与否以及效应大小取决于 β、ω、θ 的共同作用。

4.2.2　变量选择与数据来源

4.2.2.1　被解释变量

依据第 3 章经济增长质量的测度，通过超效率 SBM 方法得到的经济增长质量指数，以劳动力、资本与生态足迹为投入指标，以区域总产值为期望产出，二氧化碳排放作为非期望产出。

4.2.2.2　核心解释变量

本章的核心解释变量为能源技术转型（$lnet$）与其二次项（$lnet$）^{2}。在技术创新研究框架下，能源技术转型主要基于能源要素的利用与开发。本章从新能源利用技术创新以及节能减排技术创新两个方面对能源技术转型进行综合定义。在指标界定中，则具体借鉴叶琴等（2018）[212]，范丹和孙晓婷（2020）[213]的做法，通过"非化石能源（新能源以及可再生能源）"专利申请数以及"节能减排"专利申请数分别代表非化石能源技术转型水平与节能减排技术创新水平，并通过专利数定额比例分配法进行加权处理，得到能源技术转型的代理变量。同时考虑到技术进步所产生的"能源回弹效应"与"碳排放效应"的平衡、劳动力水平与创新成本间的比较，本章加入能源技术转型水平的二次项（$lnet$）^{2}，从而更加全面地对其空间效应进行解读。

4.2.2.3　控制变量

与第 3 章一致，本章控制变量选取政府干预（Gov）、信息化水平（ICT）、城镇化水平（Urb）、人口密度（$People$）、环境规制水平（$Regulation$）以及对外开放度（$Open$），控制变量的一致性在一定程度上保证了模型整体的稳健性与说服力。

4.3　能源技术转型对经济增长质量影响的实证检验

4.3.1　空间自相关检验

4.3.1.1　全局莫兰指数

在进行空间计量模型的具体选择和应用前，应先进行经济活动的空间相关性分析。基于地理学第一定律，事物所处位置的距离远近与事物变化之间的相关性存在反向关系，本书运用莫兰指数（Moran's I）检验地理位置邻近的省域经济增长质量以及能源技术转型的空间相关性，进而采用拉格朗日乘数形式与空间效应分解进行更全面的判断。其中，莫兰指数具体定义如下：

$$Moran's\ I = \frac{n}{\sum\limits_{i=1}^{n}\sum\limits_{j=1}^{n}w_{ij}} \cdot \frac{\sum\limits_{i=1}^{n}\sum\limits_{j=1}^{n}w_{ij}(x_i - \bar{x})(x_j - \bar{x})}{\sum\limits_{i=1}^{n}(x_i - \bar{x})^2} \quad (4-16)$$

其中：w_{ij} 为空间权重矩阵，是空间计量模型应用中不可少的部分；x_i 与 x_j 分别代表 i 地区与 j 地区的观察值；n 是所有研究地区总数。莫兰指数的值介于 $-1 \sim 1$，其数值为正表示研究对象存在正的空间相关性，即"高－高相邻""低－低相邻"；数值为负，则表示"高－低相邻"。且莫兰指数的绝对值越大，表示经济活动的空间相关性程度越强。

在莫兰指数的计算基础上，还需要进行其分布的检验，常用的分布检验是渐进正态分布与随机分布，检验指标为莫兰指数系数的 z-score，即 $Z(d)$，以及标准化的莫兰指数的期望值 $E_N(Moran's\ I)$。$Z(d)$、$E_N(Moran's\ I)$ 具体表达式如下：

$$Z(d) = \frac{Moran's\ I\text{-}E(Moran's\ I)}{\sqrt{var(Moran's\ I)}} \quad (4-17)$$

$$E_N(Moran's\ I) = \frac{-1}{n-1} \quad (4-18)$$

本章在构建 0－1 邻接距离、地理距离以及地理—经济距离三类权重矩阵的基础上，利用 Geoda 软件以及 Stata 14.0 软件测算出 Quality 与 ET 全局莫兰指数。在三类权重矩阵下，经济增长质量的全局莫兰指数正负性处于交替变化中，负值未通过显著性检验，而在样本期初以及样本期中后段其全局莫兰指数表现为显著为正（见表 4.1）。这说明在样本期内省域经济增长质量是存在一定的空间相关性的，空间单元与其邻近地区的经济增长质量水平存在一定程度的空间相似性，有必要进行后续空间关联的研究。

表 4.1　　　　　　　　　　　经济增长质量全局莫兰指数

时间	0－1 邻接距离权重矩阵			地理距离权重矩阵			地理—经济距离权重矩阵		
	I	Z	P	I	Z	P	I	Z	P
2000～2001 年	0.424	3.698	0.000	0.043	2.128	0.017	0.197	2.435	0.007
2001～2002 年	0.380	3.344	0.000	0.015	1.355	0.088	0.155	1.989	0.023
2002～2003 年	0.055	0.725	0.234	－0.040	－0.161	0.436	－0.002	0.347	0.363
2003～2004 年	－0.004	0.269	0.394	－0.041	－0.182	0.428	－0.043	－0.095	0.462
2004～2005 年	－0.036	－0.014	0.494	－0.032	0.094	0.462	－0.011	0.282	0.389
2005～2006 年	－0.064	－0.242	0.404	－0.040	－0.162	0.436	－0.139	－1.122	0.131
2006～2007 年	0.117	1.288	0.099	0.033	1.948	0.026	0.053	0.965	0.167
2007～2008 年	0.029	0.558	0.288	0.045	2.375	0.009	0.103	1.570	0.058
2008～2009 年	0.041	0.625	0.266	0.031	1.853	0.032	0.073	1.163	0.122
2009～2010 年	－0.131	－0.789	0.215	－0.067	－0.917	0.180	－0.122	－0.936	0.175
2010～2011 年	－0.052	－0.146	0.442	－0.056	－0.599	0.275	－0.055	－0.223	0.412
2011～2012 年	0.183	1.861	0.031	0.007	1.211	0.113	0.062	1.068	0.143
2012～2013 年	0.273	2.557	0.005	－0.001	0.951	0.171	0.002	0.393	0.347
2013～2014 年	0.124	1.632	0.051	0.010	1.556	0.060	0.027	0.817	0.207
2014～2015 年	0.030	0.613	0.270	－0.011	0.748	0.227	0.005	0.488	0.313
2015～2016 年	－0.019	0.144	0.443	－0.029	0.184	0.427	－0.032	0.028	0.489
2016～2017 年	－0.039	－0.048	0.481	－0.057	－0.833	0.202	－0.091	－0.808	0.209
2017～2018 年	0.085	1.036	0.150	－0.012	0.650	0.258	0.050	0.950	0.171
2018～2019 年	0.099	1.147	0.126	－0.012	0.660	0.255	0.054	0.993	0.160

　　在能源技术转型方面，在三类权重矩阵测算下，省际能源技术转型水平均表现为较为显著的全局正相关关系，且莫兰指数波动上升，代表相邻省份之间能源技术转型水平具有明显的空间依赖性，不同空间单元所表现

出的空间相似性特征不容忽视（见表4.2）。

表4.2 能源技术转型全局莫兰指数

年份	0-1 邻接距离权重矩阵			地理距离权重矩阵			地理—经济距离权重矩阵		
	I	Z	P	I	Z	P	I	Z	P
2000	0.000	0.287	0.387	0.047	2.299	0.011	0.105	1.503	0.066
2001	0.081	0.950	0.171	0.064	2.754	0.003	0.133	1.798	0.036
2002	0.097	1.084	0.139	0.063	2.742	0.003	0.132	1.799	0.036
2003	0.028	0.530	0.298	0.046	2.306	0.011	0.102	1.503	0.066
2004	0.078	0.934	0.175	0.069	2.929	0.002	0.153	2.033	0.021
2005	0.052	0.718	0.237	0.059	2.613	0.004	0.141	1.886	0.03
2006	0.115	1.232	0.109	0.094	3.605	0.000	0.207	2.591	0.005
2007	0.160	1.586	0.056	0.098	3.681	0.000	0.218	2.688	0.004
2008	0.168	1.653	0.049	0.091	3.487	0.000	0.211	2.619	0.004
2009	0.198	1.903	0.029	0.098	3.697	0.000	0.226	2.784	0.003
2010	0.217	2.051	0.020	0.101	3.755	0.000	0.234	2.854	0.002
2011	0.293	2.687	0.004	0.118	4.245	0.000	0.270	3.256	0.001
2012	0.266	2.437	0.007	0.094	3.555	0.000	0.227	2.768	0.003
2013	0.217	2.049	0.020	0.087	3.381	0.000	0.216	2.657	0.004
2014	0.253	2.355	0.009	0.096	3.646	0.000	0.231	2.837	0.002
2015	0.293	2.644	0.004	0.101	3.708	0.000	0.238	2.867	0.002
2016	0.270	2.463	0.007	0.094	3.552	0.000	0.221	2.697	0.004
2017	0.213	2.009	0.022	0.087	3.369	0.000	0.199	2.476	0.007
2018	0.202	1.923	0.027	0.086	3.321	0.000	0.195	2.435	0.007
2019	0.193	1.844	0.033	0.086	3.339	0.000	0.195	2.435	0.007

4.3.1.2 局部莫兰指数

为了弥补全局莫兰指数测度的缺陷，本书引入局部空间相关性检验指标莫兰散点图，具体分析 30 个省份内部的空间分布特征。局部莫兰指数定义如下：

$$Local\ Moran's\ I = \frac{n^2}{\sum\limits_{i=1}^{n}\sum\limits_{j=1}^{n}w_{ij}} \cdot \frac{(x_i - \bar{x})\sum\limits_{i=1}^{n}\sum\limits_{j=1}^{n}w_{ij}(x_j - \bar{x})}{\sum\limits_{i=1}^{n}(x_i - \bar{x})^2}$$

$$(4-19)$$

图 4.1、图 4.2 与图 4.3 分别展示了不同空间权重矩阵下 2000 ~ 2019 年经济增长质量均值的莫兰散点图，各个散点图呈现出类似的特征。每个点代表一个省份，散点图斜率即为该年份平均莫兰指数。可以发现，大部分点落于第一象限与第三象限中，说明各省份经济增长质量水平呈现出较为明显的"高 - 高"型聚集与"低 - 低"型聚集特征，省际间的经济增长质量具有较强的空间相似性。

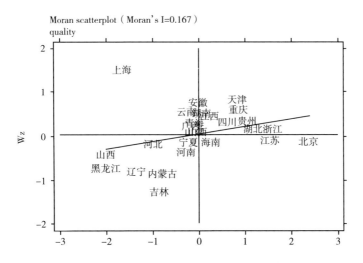

图 4.1　0 - 1 邻接权重矩阵下经济增长质量均值莫兰指数示意

结合局部莫兰指数可知，北京、天津、江苏、浙江等东部省份具有"高 - 高"型集聚特征；黑龙江、辽宁、吉林、内蒙古等省份具有"低 - 低"型集聚特征，即本省份与周围邻近省份经济增长质量水平均较低，具有典

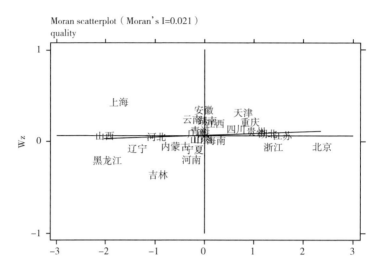

图 4.2　地理距离权重矩阵下经济增长质量均值莫兰指数示意

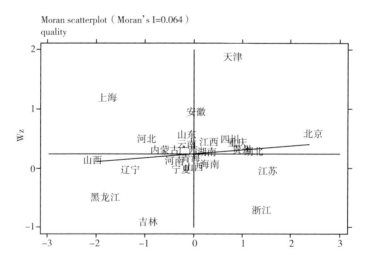

图 4.3　地理—经济距离权重矩阵下经济增长质量均值莫兰指数示意

型的空间集聚特征。通过空间相关性各项指标的检验，可以得到结论：各省份间经济增长质量具有一定的空间相关性，并同时表现在空间依赖性与空间异质性特征两个方面，因此建立空间计量模型十分必要。

4.3.2　空间计量模型检验

4.3.2.1　非空间面板数据拉格朗日检验

莫兰指数检验是对于经济增长质量空间依赖性与异质性的初步检验，尽管莫兰指数并非每年都显著为正，但是不能够说明经济增长质量在空间上完全缺乏相关性，因此需要进行后续的空间效应检验。在进行正式的空间计量模型分析前，需要对非空间面板计量模型进行模型估计与统计检验，通过拉格朗日（LM）检验进一步判断空间相关性的存在性。本书选取联合 OLS、空间固定效应模型、时间固定效应模型以及时空固定效应模型进行模型估计，估计结果见表4.3。通过各个非空间面板数据的四类 LM检验可以初步判断建立空间计量模型的必要性以及空间滞后模型（SLM）与空间误差模型（SEM）的选择问题，以便进行后续实证分析。

表 4.3　　非空间面板 LM 检验——基于 0 – 1 邻接距离权重矩阵

项目	0 – 1 邻接距离权重矩阵			
	普通面板	空间固定	时间固定	时空固定
LM-lag	19. 1836 *** （0. 0000）	36. 6856 *** （0. 0000）	12. 0955 *** （0. 0010）	24. 3623 *** （0. 0000）
Robusr LM-lag	0. 0377 （0. 8460）	0. 1255 （0. 7230）	0. 6369 （0. 4250）	0. 0470 （0. 8280）
LM-error	22. 9493 *** （0. 0000）	46. 3040 *** （0. 0000）	12. 2184 *** （0. 0000）	28. 4006 *** （0. 0000）
Robust LM-error	3. 8033 * （0. 0510）	9. 7439 *** （0. 0020）	0. 7598 （0. 3830）	4. 0853 （0. 0430）
loglikehood	847. 5899	940. 6078	865. 3253	958. 1280
模型选择	SEM	SEM	SEM	SEM

注：*** 、* 分别表示显著性在0.01、0.1 的水平。括号中的数值表示 t 统计值。

本章针对混合面板 OLS 模型以及各类固定效应下的非空间面板模型进行经典的 LM 检验与稳健的 LM 检验，从而进一步判断空间相关性的存在性及 SEM 模型与 SLM 模型的选择。具体判断方法如下：首先判断 LM-lag 与 LM-Error 的统计量显著性水平，若只有前者显著，则选择 SLM；若只有后者显著，则选择 SEM；若两者均显著，则需要根据稳健的 LM-lag 检验与稳健的 LM-error 检验进行判断，若前者显著，则选择 SLM；若后者显著，则选择 SEM；若两者均显著，则选择统计量较大的模型。表 4.3 显示，在混合面板模型下，LM-error 和 LM-lag 均显著，并且稳健 LM-error 通过显著性检验，表明基于非空间面板计量模型有偏，选取合适的空间计量模型很有必要性。根据固定效应下三种形式的非空间面板模型综合判断，在通过显著性检验的情况下，LM-error 的统计检验值大于 LM-lag 检验值，表明在建立空间计量模型时应重点考虑空间误差模型（SEM）。

表 4.3、表 4.4、表 4.5 分别显示，在 0－1 邻接距离权重矩阵、地理距离权重矩阵与地理—经济距离权重矩阵下，普通面板模型的 LM 统计值均通过显著性检验，进一步表明经济增长质量确实存在一定程度的空间关联，明确了空间计量模型选取的必要性。综合三种权重矩阵，应着重考虑空间误差模型（SEM）。

表 4.4　　　　非空间面板 LM 检验——基于地理距离权重矩阵

项目	地理距离权重矩阵			
	普通面板	空间固定	时间固定	时空固定
LM-lag	3.2135 * (0.0730)	12.1819 *** (0.0000)	0.5231 * (0.4700)	0.3186 ** (0.5720)
Robusr LM-lag	4.8627 ** (0.0270)	3.4252 * (0.0640)	1.2828 (0.2570)	1.2265 (0.2680)
LM-error	12.3405 *** (0.0000)	29.0421 *** (0.0000)	0.0965 (0.7560)	1.0569 ** (0.3040)
Robust LM-error	13.9898 *** (0.0000)	20.2854 *** (0.0000)	0.8562 (0.3550)	1.9648 (0.1610)
Log-likehood	847.5899	940.6078	865.3253	958.1280
模型选择	SEM	SEM	SLM	SEM

注：*** 、 ** 、 * 分别表示显著性在 0.01、0.05、0.1 的水平。括号中的数值表示 t 统计值。

表 4.5　　　非空间面板 LM 检验——基于地理—经济距离权重矩阵

项目	地理-经济距离权重矩阵			
	普通面板	空间固定	时间固定	时空固定
LM-lag	1. 0117 ** (0. 0314)	4. 0167 ** (0. 0450)	4. 6286 ** (0. 0310)	11. 9324 *** (0. 0010)
Robusr LM-lag	0. 4576 ** (0. 0490)	4. 8440 ** (0. 0280)	0. 0540 (0. 8160)	3. 7663 * (0. 0520)
LM-error	0. 6015 (0. 4380)	1. 0662 (0. 3020)	6. 1994 ** (0. 0130)	8. 4078 ** (0. 0040)
Robust LM-error	0. 0474 (0. 8280)	1. 8936 (0. 1690)	1. 6248 (0. 2020)	0. 2417 (0. 6230)
Log-likehood	847. 5899	940. 6078	865. 3253	958. 1280
模型选择	SLM	SLM	SEM	SLM

注：***、**、*分别表示显著性在0.01、0.05、0.1的水平。括号中的数值表示 t 统计值。

4.3.2.2　SDM 退化检验

在确定最终模型之前，还需要通过 Wald 检验与 LR 检验判断 SDM 模型是否可以退化成 SLM 或 SEM。其中 Wald 检验用于判断 SDM 是否可以退化成 SLM，而 LR 检验用于判断 SDM 是否可以退化成 SEM。两类检验四个统计值均在 1% 显著性水平上拒绝原假设，表明模型不能退化为 SLM 或 SEM。空间计量模型的选择极为重要，同时也存在着严格的条件，只有 Wald 检验与 LR 检验结果同非空间面板模型 LM 检验结果一致的情况下，SDM 才能退化成 SLM 或者 SEM。此外，当 Wald 检验与 LR 检验同时通过显著性检验时，可以判断模型设定应为 SDM。表 4.6 结果显示，在三种权重矩阵下，两类零假设的结果均被拒绝。本章最终选取空间杜宾模型（SDM）进行估计。通过豪斯曼（Hausman）检验与 LR 检验，三类检验统计量在三种权重矩阵下均在 1% 水平上显著。因此，本书最终选择固定效应空间杜宾模型，并着重分析时间与空间双固定效应面板模型计量结果。

表 4.6   SDM 退化检验

检验类型	0-1 邻接距离权重矩阵		地理距离权重矩阵		地理—经济距离权重矩阵	
	统计值	p 值	统计值	p 值	统计值	p 值
Wald-SLM	43.1000	0.0000	58.3800	0.0000	35.2100	0.0000
Wald-SEM	46.6000	0.0000	57.8800	0.0000	37.4900	0.0000
LR-SLM	42.0600	0.0000	55.2500	0.0000	34.5800	0.0000
LR-SEM	45.1700	0.0000	54.2300	0.0000	36.1900	0.0000
Hausman	311.6200	0.0000	160.8500	0.0000	163.1900	0.0000
LR-ind	159.8100	0.0000	117.0500	0.0000	158.8600	0.0000
LR-time	84.1300	0.0000	110.8600	0.0000	89.4600	0.0000

4.3.3　假设检验

4.3.3.1　空间计量模型分析

根据空间计量模型检验结果，本章建立了三个空间权重矩阵下的时间与空间双固定空间杜宾模型，与普通面板模型不同的是，空间计量模型中既包含了自变量本身对于因变量的影响，也包含了含有空间滞后项的影响。此外，因变量空间滞后项系数 ρ 能够进一步证明经济增长质量存在正向的空间相关性。值得注意的是，莫兰指数仅仅对被解释变量自身进行空间角度的考察，而空间杜宾模型则纳入了全部的内生变量、被解释变量的空间滞后项以及误差项。因此，当考察变量之间空间相关关系时，空间计量模型中各个变量的空间滞后项系数更加具有代表性[291,292]。

整体上，空间计量模型下的区域内部自变量对于本区域的经济增长质量影响方向相同，显著性水平与影响系数相近，表明模型整体建立具有一定的科学性。根据表 4.7，从区域内部角度具体来看，在三种权重矩阵下，能源技术转型（lnet）均对经济增长质量呈现出 U 型影响，并表现为前期抑制后期促进作用。信息化水平与人口密度均能够显著影响区域内部经济增长质量水平。从空间角度具体分析，综合 $Wx \times \ln et$ 项与 $Wx \times (\ln et)^2$ 项可知，能源技术转型对于经济增长质量存在显著的空间影响，且作用呈现 U 型变化，同时在地理距离权重矩阵下，能源技术转型对于经济增长质量的 U 型影响系数更大，表现在空间地理距离的影响下，能源技术转型对于经济增长质量的作用更为强烈。需要注意的是，前文有关空间相关性的莫兰指数检验仅仅针对被解释变量 $Quality$ 自身而言，而此处的空间滞后项 $Wx \times \ln et$ 以及 $Wx \times (\ln et)^2$ 均是针对核心解释变量能源技术转型（$\ln et$）对于经济增长质量（$Quality$）的空间外溢影响，两者的结果并未出现矛盾之处。此外，就控制变量方面而言，环境规制水平与人口密度对外部经济增长质量均存在负向的影响，其中，环境规制水平对于经济增长质量的空间抑制作用更为强烈，并且在地理距离权重矩阵下，各项指标的影响系数相对较大。

表 4.7　　　　　　　　　不同矩阵下的双固定效应 SDM

项目	0 - 1 邻接距离权重矩阵		地理距离权重矩阵		地理—经济距离权重矩阵	
	$Coef.$	z	$Coef.$	z	$Coef.$	z
$\ln et$	- 0.0196 **	- 2.1900	- 0.0189 **	- 2.2300	- 0.0168 *	- 1.9600
$(\ln et)^2$	0.0020 ***	2.5700	0.0012 *	1.7200	0.0012 *	1.7000
Gov	0.1709 *	1.8500	0.0530	0.6300	0.0254	0.2900
ICT	- 0.0943 ***	- 2.4000	- 0.0909 **	- 2.3200	- 0.0819 **	- 2.0000
Urb	- 0.0033	- 0.1200	0.0263	0.8800	- 0.0016	- 0.0600
$People$	- 0.9268 ***	- 4.6200	- 1.6583 ***	- 7.7500	- 1.3450 ***	- 6.3300
$Regulation$	- 1.5354	- 0.8600	- 4.4696 **	- 2.4500	- 2.9900	- 1.6500
$Open$	- 0.0072	- 0.4100	- 0.0241	- 1.3900	- 0.0011	- 0.0600
$Wx \times \ln et$	- 0.0504 **	- 2.3900	- 0.1768 ***	- 3.0800	- 0.0576 **	- 2.3600
$Wx \times (\ln et)^2$	0.0039 **	2.4800	0.0181 ***	3.8100	0.0064 ***	3.3000
$Wx \times Gov$	- 0.2283	- 1.4100	- 0.1399	- 0.2400	0.0496	0.2100
$Wx \times ICT$	- 0.0565	- 0.8200	0.2727	1.3400	0.0507	0.8100
$Wx \times Urb$	0.0417	0.6400	0.5808 ***	3.0500	0.0529	0.8500
$Wx \times People$	- 2.3534 ***	- 4.1200	- 8.7666 ***	- 6.2100	- 1.6284 ***	- 4.1500
$Wx \times Regulation$	- 8.5109 **	- 2.1000	- 34.3868 ***	- 2.7600	- 8.9452 *	- 1.7100
$Wx \times Open$	- 0.0144	- 0.4600	- 0.1993 **	- 1.9700	- 0.0408	- 1.3600
ρ	0.1770 ***	3.2300	- 0.4693 ***	- 2.6200	0.0279 *	0.3500

续表

项目	0 – 1 邻接距离权重矩阵		地理距离权重矩阵		地理—经济距离权重矩阵	
	Coef.	*z*	*Coef.*	*z*	*Coef.*	*z*
σ^2	0.0012***	17.2200	0.0012***	17.2000	0.0013***	17.3200
Log-likelihood	1161.5649		1160.9096		1151.0245	

注: ***、**、*分别表示显著性在0.01、0.05、0.1的水平。

通过空间计量模型的结果，可以得到能源技术转型对于经济增长质量并非单纯的促进或抑制关系，而是呈现出U型的影响关系，即在能源技术转型水平的不同阶段中，其对经济增长质量的影响是不同的，证实了假设H4 – 1。

4.3.3.2 空间效应分析

由于在空间杜宾模型中，变量之间存在空间回弹效应，因此仅仅依靠变量以及其滞后项的影响效果并不能够全面反映其空间关联性。空间计量模型更为重要的应用是探索空间面板数据各个变量对经济增长质量的各类空间效应情况——直接效应、间接效应与总效应，其具体结果见表4.8。这里的直接效应包括某省份对周边省份溢出效应的空间反馈累积效应，即包含着本省份内部影响及邻近省份受到该省份溢出效应后的反馈效应；间接效应即溢出效益，表示某省份对邻近省份的间接影响作用；总效应表示某一省份两类效应的总和。

表4.8　　　　　　　　　　　空间效应分解

项目		0 –1 邻接距离权重矩阵		地理距离权重矩阵		地理—经济距离权重矩阵	
Quality		*Coef.*	*z*	*Coef.*	*z*	*Coef.*	*z*
直接效应	lnet	– 0.0217**	– 2.3500	– 0.0155*	– 1.7900	– 0.0169*	– 1.9100
	(lnet)^2	0.0021***	2.7000	0.0008	1.1800	0.0012*	1.6600
	Gov	0.1661*	1.8400	0.0621	0.7300	0.0308	0.3600
	ICT	– 0.0977*	– 2.5500	– 0.0974**	– 2.5000	– 0.0819**	– 2.0500
	Urb	– 0.0016	– 0.0600	0.0160	0.5900	– 0.0010	– 0.0400
	People	– 1.0307***	– 5.1700	– 1.4980***	– 7.1700	– 1.3457***	– 6.3900
	Regulation	– 1.9624	– 1.0400	– 3.8751**	– 2.1300	– 3.0890**	– 1.6600
	Open	– 0.0086	– 0.5100	– 0.0212	– 1.2500	– 0.0020	– 0.1200

续表

	项目	0-1邻接距离权重矩阵		地理距离权重矩阵		地理—经济距离权重矩阵	
间接效应	lnet	− 0.0614 **	− 2.4700	− 0.1174 ***	− 2.7300	− 0.0583 **	− 2.2900
	(lnet)^2	0.0049 ***	2.6000	0.0124 ***	3.4100	0.0066 ***	3.1900
	Gov	− 0.2529	− 1.4100	− 0.1553	− 0.3800	0.0298	0.1300
	ICT	− 0.0845	− 1.0300	0.2326	1.5200	0.0527	0.7800
	Urb	0.0453	0.5700	0.4069 ***	2.7600	0.0534	0.7900
	People	− 2.9456 ***	− 4.2700	− 5.7170 ***	− 4.6900	− 1.7212 ***	− 3.9100
	Regulation	− 10.5782 **	− 2.2500	− 23.6412 ***	− 2.6100	− 9.6062 *	− 1.8200
	Open	− 0.0165	− 0.4600	− 0.1339 *	− 1.8000	− 0.0409	− 1.3000
总效应	lnet	− 0.0831 ***	− 2.9600	− 0.1329 ***	− 3.0200	− 0.0752 ***	− 2.7100
	(lnet)^2	0.0070 ***	3.2000	0.0132 ***	3.5300	0.0078 ***	3.4100
	Gov	− 0.0868	− 0.4500	− 0.0932	− 0.2300	0.0606	0.2500
	ICT	− 0.1822 **	− 2.0100	0.1352	0.9100	− 0.0293	− 0.3900
	Urb	0.0436	0.4700	0.4229 ***	2.6800	0.0523	0.6400
	People	− 3.9763 ***	− 5.3600	− 7.2150 ***	− 5.7300	− 3.0669 ***	− 6.0200
	Regulation	− 12.5406 **	− 2.2300	− 27.5163 ***	− 2.9300	− 12.6952 **	− 2.1800
	Open	− 0.0251	− 0.6200	− 0.1551 **	− 2.0700	− 0.0429	− 1.1900

注: *** 、 ** 、 * 分别表示显著性在0.01、0.05、0.1的水平。

　　直接效应方面，区域内部能源技术转型水平对本区域的经济增长质量产生非线性的U型效应，即能源技术水平在不同范围下对经济增长质量发挥着不同的影响，进一步验证了本章提出的假设H4-1。不论是在邻接距离、地理距离还是经济环境的空间相关影响下，能源技术转型对于经济增长质量的空间直接效应均呈现U型分布，并且在地理邻接的影响下，影响效果更强烈。以0-1邻接距离权重矩阵为例，从系数来看，前期能源技术转型水平每变动1%，会导致经济增长质量降低0.0217%，而后期则会使经济水平增长0.0021%，这表明能源技术转型的积极影响作用会在较高的技术水平下显著。政府干预仅在0-1邻接距离权重矩阵下对经济增长质量表现出显著的推动作用；城镇化水平与对外开放度的影响系数在三种空间权重矩阵均不显著，这表明城镇化水平与对外开放度不论是在地理位置影响还是经济发展的影响下，均不会对经济增长质量发挥出直接影响；人口密度水平对经济增长质量的影响系数在三种权重矩阵下均显著为负：－1.0307、－1.4980、－1.3457，表明现阶段人口的过度迁移、集聚引致的人口密度加大并不利于经济增长质量的提高；在地理距离权重矩阵以及地理—经济距离权重矩阵下，环境规制对区域内部经济增长质量发挥出显著的影响作用，其效应系数分别为－3.8751、－3.0890。

间接效应方面，能源技术转型对于外部区域的经济增长质量的溢出效应同样存在 U 型关系，与上文分析结果一致，并且在地理距离空间权重矩阵下，能源技术转型对于经济增长质量的空间溢出影响更为强烈，为本章假设 H4－2 提供了有力的实证支撑。由表 4.8 可知，能源技术转型的区域间影响系数均大于其直接效应系数，表明能源技术转型的空间溢出作用不容忽视；同时，就控制变量而言，不论是在地理邻近、地理位置还是经济水平的影响下，政府干预与信息化水平均不会产生显著的空间外溢效应；基于地理距离空间权重矩阵，城镇化水平的提高会对外部经济增长质量的提高产生积极的促进作用，每提高 1%，会使外部经济增长质量提高 0.4069%，而对外开放度则对经济增长质量产生抑制作用，影响系数为－0.1339。此外，基于三种空间权重的平均影响，本省份人口密度与环境规制水平每变动 1%，对外部区域的平均影响分别为－3.4613%、－14.6085%，影响效果均强于其直接影响。

总效应方面，由于能源技术转型在直接效应与间接效应中的作用系数方向相同，其累积总效应影响系数更大，且在三种权重矩阵下全部呈现出显著的 U 型影响，在地理距离权重矩阵下，lnet 和（lnet）^{2} 的总效应系数分别为－0.1329、0.0132（见表 4.8），均通过了 1% 的显著性水平检验，并且相较于直接效应与空间效应，不论是影响系数值，还是显著性水平，都相对明显。这说明基于地理距离因素的影响，能源技术转型对经济增长质量的空间影响更为强烈，在探讨能源技术转型中，地理位置因素需要着重考虑。此外，环境规制水平对于经济增长质量的总空间效应为负，表明当前的环境政策并未发挥出预期的积极作用。

4.3.4　稳健性检验

为考察结果是否稳健，本书利用三种方法分别对模型的稳健性进行检验。首先，为避免模型内生性、估计偏误等问题，本书纳入核心解释变量能源结构转型（TES）以及能源政策转型（Policy）重新进行估计，实证发现结果并无明显差别，验证了上述模型检验结果的稳健性；其次，本书更换被解释变量经济增长质量（Quality）的测算方法，即在规模报酬不变的假设下，基于超效率 SBM-DEA 测算以投入为导向的全要素生产率，得到的模型结果并未出现显著差异，进一步证实了本书模型的稳健性；最后，在空间计量模型中，空间效应的分解是基于全时期的面板样本数据，得到的结果实际上是一种长期状态下的空间效应，就长期空间影响及其稳健性而言，本章所设定的三种空间权重矩阵的结果的一致性在一定程度上可以表明模型结果是较为稳健的。为了保证研究结果的稳健性和可靠性，基于时间角度，本章进一步采取极大似然法进行时间与空间双固定空间杜宾模型的短期效应分解，选择滞后 3 期，得到短期直接效应、短期间接效应以及短期总效应，具体结果见表 4.9。整体上，核心变量能源技术转型（lnet）对于经济增长质量的短期空间效应与长期空间效应均具有相同的趋势，即呈现 U 型。同时，控制变量的影响系数以及显著性水平与前文结果相似。检验结果表明本章所构建的空间计量模型检验结果较为稳健。

表 4.9　　　　　　　　　　　短期效应分解

项目	0－1 邻接距离权重矩阵		地理距离权重矩阵		地理—经济距离权重矩阵	
Quality	Coef.	z	Coef.	z	Coef.	z
ρ	0.1125 *	1.8900	0.6212 ***	3.1500	0.0484 *	0.5800
σ^2	0.0012 ***	17.7200	0.0012 ***	17.5100	0.0013 ***	17.8000

续表

项目		0-1邻接距离权重矩阵		地理距离权重矩阵		地理—经济距离权重矩阵	
短期直接效应	lnet	-0.0285 ***	-3.1200	-0.0196 **	-2.2700	-0.0227 ***	-2.6100
	(lnet)^2	0.0026 ***	3.3600	0.0010	1.3200	0.0015 **	2.0600
	Gov	0.2119 **	2.2700	0.0762	0.8600	0.0570	0.6300
	ICT	-0.1080 ***	-2.8200	-0.1003 ***	-2.6000	-0.0865 **	-2.1800
	Urb	-0.0019	-0.0600	0.0181	0.5500	-0.0062	-0.1900
	People	-1.2310 ***	-5.4300	-1.8962 ***	-8.1200	-1.6708 ***	-7.0200
	Regulation	-2.3131	-1.2600	-3.8438 **	-2.0300	-2.7635	-1.4600
	Open	-0.0132	-0.7200	-0.0377 **	-2.0500	-0.0063	-0.3400
短期间接效应	lnet	-0.0792 ***	-3.1800	-0.1435 ***	-3.4900	-0.0773 ***	-3.0800
	(lnet)^2	0.0059 ***	3.1400	0.0138 ***	3.9000	0.0077 ***	3.7900
	Gov	-0.1318	-0.7100	-0.0326	-0.0800	0.1373	0.5800
	ICT	-0.0868	-1.1700	0.2450 **	1.8200	0.0495	0.8200
	Urb	0.0032	0.0400	0.5022 ***	3.3900	0.0431	0.6500
	People	-3.2033 ***	-4.9800	-7.0225 ***	-5.5100	-1.9374 ***	-4.5300
	Regulation	-13.2377 ***	-2.7100	-23.1543 **	-2.5300	-6.2729	-1.1500
	Open	-0.0365	-1.0200	-0.1980 ***	-2.6900	-0.0597 *	-1.9000
短期总效应	lnet	-0.1077 ***	-3.9700	-0.1631 ***	-3.9100	-0.1000 ***	-3.7500
	(lnet)^2	0.0085 ***	4.0100	0.0147 ***	4.0500	0.0092 ***	4.1500
	Gov	0.0801	0.4200	0.0436	0.1100	0.1943	0.8200
	ICT	-0.1948 **	-2.3600	0.1447	1.1000	-0.0370	-0.5500
	Urb	0.0013	0.0100	0.5203 ***	3.2800	0.0369	0.4500
	People	-4.4344 ***	-6.3500	-8.9188 ***	-6.6600	-3.6082 ***	-6.9900
	Regulation	-15.5509 ***	-2.8500	-26.9981 ***	-2.9200	-9.0365	-1.5700
	Open	-0.0497	-1.2300	-0.2357 ***	-3.1000	-0.0661 *	-1.7700

注：***、**、*分别表示显著性在0.01、0.05、0.1的水平。

4.4 能源技术转型对经济增长质量影响的实证检验结果分析

全局莫兰指数、局部莫兰指数、拉格朗日（LM）统计值检验以及空间计量模型中因变量空间滞后项系数的结果显示，经济增长质量存在一定的空间相关性与异质性，且以能源技术转型为核心变量的一系列自变量表现出对于经济增长质量显著的空间影响。此外，在三种空间权重矩阵下的双固定空间杜宾模型建立的基础上，通过 Stata14.0 进行空间偏微分处理，得到各指标的空间效应。整体上，在直接效应、空间效应与总效应中，能源技术转型对于经济增长质量的影响作用表现为典型的 U 型影响。

首先，在能源技术转型所发挥的直接效应方面，能源技术转型与区域内部经济增长质量存在显著的 U 型关系，并且在区域地理邻接影响下，作用效果更为强烈。这表明，短期内，能源技术转型水平不论是从节能减排技术创新角度，还是非化石能源利用技术创新角度来说，都相对薄弱，其高成本、低收益并不能够补偿绿色创新带来的环境效益；长期来看，成熟的能源技术水平能够发挥出良好的规模经济效应，并通过技术这一非均衡力量促使要素资源的重新配置，推动清洁能源产业的发展，实现经济与环境的双重效益，提高经济增长质量。

其次，就能源技术转型产生的间接效应而言，区域内部能源技术转型对外部经济增长质量的影响同样呈现出 U 型影响，并且在区域地理距离的影响下，影响效果更为强烈。分析其原因，可能在于虽然能源技术专利是一种无形资产，但是技术与知识成果的正外部性会促进技术要素的流通与模仿。当短期内能源技术水平较低时，技术核心地区会凭借市场机制吸收邻近地区要素资本，要素的转移使得地理邻近省份以及经济发展处于劣势的地区生产率明显下降，以极化效应主导的能源技术外溢对于外部地区并不能发挥积极的经济与环境效益。

最后，相较于短期空间效应，能源技术转型所发挥出的空间效应在长期中更加明显。长期中，能源技术转型水平逐渐成熟，此时不论是区域能源技术的扩散能力还是能源技术承接地的吸收能力都得到提高。区域间能源技术转型成果的复制、转移，以及生产方式、绿色贸易活动的开展则会在一定程度上促进邻近区域绿色产业结构的转变，形成区域能源技术引领与带动绿色产业发展模式，从而促进经济增长质量的协同提高。

4.5　本章小结

　　本章首先构建了引入能源约束的内生经济增长模型，并通过相关理论论证了能源技术转型对于经济增长质量的影响；其次，通过莫兰指数等指标分别检验了经济增长质量以及能源技术转型的空间相关性；并且通过建模得出，能源技术转型对经济增长质量表现为典型的 U 型空间影响；最后，通过短期空间效应分析，对能源技术转型对经济增长质量的空间影响作用进行了稳健性检验。

第 5 章

能源政策转型对经济增长质量的影响研究

能源转型主要包含能源结构转型、能源技术转型和能源政策转型三条路径，本章将探究能源政策转型对经济增长质量的影响作用。基于政策的目标导向不同，将能源政策划分为清洁能源开发政策、能源节约政策和新能源产业政策，探究三类能源政策对于经济增长质量的差异性影响作用，分析其政策效力和政策时效。

5.1　能源政策转型对经济增长质量影响的分析基础

能源清洁化转型是具有明显正外部性和公共性特点的经济行为，市场机制难以实现其外部性的内部化。基于利润最大化原则，企业对于节能减排、清洁能源消费等能源转型行为的主动性和积极性并不高，这就要求政府必须通过颁布有效的能源政策引导市场主体行为，对其节能行为进行激励和扶持。

在不同的经济背景下，我国政府制定了不同目标的能源政策，构成了我国宽领域、多目标的能源政策体系[214]。改革开放初期，我国经济社会发展百废待兴，能源长期供应紧张严重制约了宏观经济的稳定运行。为了克服能源短缺和价格机制僵化等问题，1988 年，能源综合管理部门应运而生，国家提出"国家筑路、农民挖煤、有水快流"的政策方针，并加大国有煤矿的建设力度[293]。同时，煤炭、电力等领域的市场化改革也取得了一定成效，能源供应紧张问题得到了一定程度的缓解[294]。进入 21 世纪后，随着发展阶段的变化、生产方式的变革和产业结构的升级，我国能源发展的宏观环境和主要矛盾也发生了重大变化。在可持续发展理念的推动下，为了回应"能源资源消耗过大""环境污染严重"等问题，能源政策导向开始由侧重增加能源供给能力的单一目标，向加强节能降耗、提高可再生能源消费量和促进新能源产业发展等多元目标转型，能源政策议题不断向"节能环保""可再生能源发展""清洁生产""新能源产业"等方面转型[295]。

5.1.1　能源政策类型

现有研究成果多集中分析单一类型的能源政策，如吴萱（2008）对电力行业的节能减排政策和技术应用效果进行了分析[296]。曾明等（Zeng et al，2013）提出，合理的可再生能源电价政策对我国能源安全和能源合理配置至关重要，通过分析可再生能源电价政策的演变及实施效果，探讨了我国可再生能源电价政策存在的问题及解决对策[297]。彭月兰和迟美青（2015）提出我国节能政策对于能源效率提升具有积极作用[298]。然而，单一类型的政策分析无法从整体上审视能源政策组合的有效性，程时雄和柳剑平（2014）通过分析在不同的节能目标约束下，固定额度和比例额度两种节能政策的经济效应，提出各省份节能政策的制定不能"一刀切"，要"分而治之"[299]。高瑜和张庆宇（2018）也提出我国能源政策转型的主要问题是政策碎片化，缺乏系统性和整体性的战略思考[200]。在此背景下，对我国能源政策的整体性分析就显得十分有必要[295]。

根据能源政策目标导向的不同进行政策类型划分，是多数学者比较认

可的方式[206,300,301]。参照曾婧婧和童文思（2018）的观点[214]，以及第 2
章的理论分析，本书认为我国能源政策主要可以划分为三个方面：清洁能
源开发利用、能源节约利用和新能源产业发展。基于此，本书将能源政策
分为清洁能源开发政策、能源节约政策、新能源产业政策三种类别。

5.1.2　能源政策内容解析

5.1.2.1　清洁能源开发政策

清洁能源开发政策是指以促进清洁能源开发利用为主要内容的能源政
策。出于战略发展需要，我国不断强调加大支持核能、风能、水能等新能
源发展的政策力度，以实现对传统能源的能耗替代，促进能源多元化建
设。积极发展清洁能源有助于形成多能互补的能源供给体系，满足不断增
长的能源需求，摆脱对化石能源的路径依赖，促进地区经济结构转型，推
动经济持续向好发展。出于战略发展需要，我国正加大支持核能、风能、
水能等清洁能源发展的政策力度，基本形成了较为完整的清洁能源法律体
系框架，包括对整个清洁能源发展作出通盘考虑的综合性政策，如《中华
人民共和国可再生能源法》《可再生能源发展"十三五"规划》；风电、
太阳能光伏、天然气等分类型清洁能源发展政策，分类型政策是实现综合
性政策的保证；价格、税收、科技等清洁能源发展政策，如《山东省物价
局对我省可再生能源发电实行价格补贴的通知》；还有一些体现在其他经
济社会政策中的专项政策，如《海洋可再生能源发展"十三五"规划》
《清洁能源消纳行动计划（2018—2020 年)》《清洁能源发展专项资金管理
暂行办法》等。

5.1.2.2　能源节约政策

在资源节约型和环境友好型的科学发展观指导下，节能优先一贯是我
国能源政策的重点，能源节约政策主要强调在减少能耗的同时，保持或增

加经济产出。著名经济学家茅于轼、菲利普·安德鲁斯均认为我国存在着巨大的节能空间，包括单耗下降所形成的直接节能和能源使用管理所带来的间接节能两个部分[202]。21 世纪以来，我国政府对于节能政策的关注主要包括工业生产领域和居民私人领域两个方面。具体而言，一方面，在工业生产领域，《中华人民共和国节约能源法》《节约能源管理条例》《节能中长期转型规划》《节能减排综合性工作方案》等相关法律法规均指出，我国工业生产中存在能源浪费现象，并提出将节能环保作为我国工业生产的硬性约束条件，鼓励企业在生产和经营过程中注重能源节约，共同推动我国经济低碳发展。另一方面，伴随着居民能源消费量的不断增长，政府也出台了较多鼓励城市居民节能的政策措施。例如，2003 年提出了每年开展"全国节能宣传周"活动，该项政策鼓励政府在社会各层面上进行节能宣传，通过经济激励等方式引导消费者参与到节约能源活动中来；2005年 11 月发布了《民用建筑节能管理规定》，该项政策对我国民用建筑的能源使用问题进行了规范，鼓励建筑行业提高能源利用效率；2007 年制定了"节能减排全民行动实施方案"，该项政策提倡全民提高节能意识，积极参与节能活动；2010 年开展了"私人购买新能源汽车补贴试点""节能产品惠民工程""节能汽车（1.6 升及以下乘用车）推广活动"，鼓励消费者购买和使用新能源汽车，以减少能源消耗，保护生态环境；2012～2014年，各地陆续推广"阶梯电价""阶梯天然气价"等措施，以期通过价格措施对消费者的用电方式和用能方式进行引导；类似地，国家发展改革委于 2014 年也出台了"阶梯水价"制度的"指导意见"。

5.1.2.3 新能源产业政策

新能源产业政策是对以太阳能发电产业、光伏产业、新能源汽车产业、可燃冰发电产业等为代表的新能源产业进行鼓励、刺激与发展的能源政策。我国政府颁布多项政策法规对新能源产业发展给予支持，主要包括财税政策、融资政策和技术政策三个方面。首先，财税政策主要指对新能源产业生产方或者消费方进行财税补贴，对新能源产业生产成本或市场价格产生影响，进而提高新能源产业市场竞争力，促进新能源产业发展。例如，《关于发挥价格杠杆作用促进光伏产业健康发展的通知》中提出，对分布式光伏发电实行补贴政策，电价补贴标准为每千瓦时 0.42 元（含税）；为鼓励利用风力发电，促进新能源产业健康发展，对销售利用风力生产的电力实行增值税即征即退 50% 的鼓励政策；《私人购买新能源汽车试点财政补助资金管理暂行办法》选定 5 个城市作为私人购买新能源汽车给予一次性补助的试点，每辆新能源汽车最高补助 6 万元。其次，融资政策是指为新能源相关企业提供资金支持，解决融资困境，推动产业发展。例如，《上海市新能源产业发展"十三五"规划》中提出，对部分新能源产业生产设备的技术给予经济支持，制定促进经济可持续发展的融资政策。最后，技术政策是指通过确立技术发展导向和目标，加快技术改造升级进程，提高产品附加值，引导产业发展。例如，《中华人民共和国清洁产业促进法》中提出，采用先进的清洁能源技术和设备，对新能源产业的发展提供技术支持。

5.1.3　能源政策对经济增长质量影响的政策效力分析

5.1.3.1　清洁能源开发政策对经济增长质量影响的政策效力分析

清洁能源开发政策对经济增长质量的影响途径主要有两种：一是直接激励措施，包括价格激励、技术支持等。清洁能源补贴是政府引导清洁能源发展、可再生能源使用等方面的有效措施，格雷厄姆和布兰登（Graham & Brandon，2003）提出，通过补贴政策可以降低清洁能源产品价格，提高其市场占有率[302]；严静和张群洪（2014）基于灰色预测模型，预测分析了清洁能源补贴对经济增长的驱动作用，研究结果表明补贴力度与经济增长提升之间呈现显著的正相关关系[303]。二是通过降低化石能源补贴或者直接征收碳税等方式，引导企业增加清洁能源消费，多数学者指出这种方法在产生正向环境效应的同时会对经济效应产生抑制作用。例如，凯贝德（Kebede，2006）认为，取消能源补贴可以显著地促进节能减排和环境保护，但是对 GDP 的冲击较大[304]。克莱门茨等（Clements et al，2007）以印度尼西亚为研究样本，探究了能源补贴政策对于经济发展的影响，实证结果表明能源补贴政策可以有效地推动能源高效利用，引导企业低碳创新，进而推动地区经济持续向好发展[305]。魏巍贤（2009）从经济效益和环境效益两个方面对能源从价税的政策效力进行了实证分析，研究结果表明能源从价税具有显著的减排作用，但是不利于经济增长[306]。与此相类似，朱小会和陆远权（2017）对碳税与环境污染治理的关系进行了实证分析，研究结果表明征收碳税可以有效地引导企业低碳转型，进而有助于推动地区生态保护[307]。

单一的取消化石能源补贴或者征收碳税、单一的清洁能源补贴虽然能对节能减排产生一定的引导作用，但却不能很好地兼顾经济、社会和环境各方面的影响。每种政策都有优点，也有局限性。一些学者指出，实施相关配套的政策组合可能比单一政策效果更佳。例如，加林纳托和约德（Galinato & Yoder，2010）提出，用向高碳能源征收的碳税收入补贴清洁能源，可以在减少财政负担的情况下优化能源结构，有利于可持续经济发展[308]。与此相类似，周晟吕等（2012）也肯定了这一研究结论，并提出这对于我国推动能源转型具有重要作用[309]。

以上研究肯定了清洁能源开发政策对于经济增长质量具有差异性影响，本书认为清洁能源开发政策能够促进清洁能源发展，优化能源消费结构，对环境保护产生显著的正向作用。在短期内，清洁能源开发政策可能会造成一定的经济代价，但我国已将清洁能源开发利用列为未来能源发展的重要方向，并制定了清洁能源中长期发展规划。因此，在长期内，清洁能源开发政策有助于推动经济增长质量提升。

基于以上分析，本书提出以下假设。

H5 - 1：清洁能源开发政策对经济增长质量提升具有促进作用。

5.1.3.2　能源节约政策对经济增长质量影响的政策效力分析

马尔萨斯（Malthus）"资源绝对稀缺理论"的提出引起了学者们对于

能源节约相关研究方面的高度重视。在此基础上，国内外学者将能源节约相关研究问题扩展至节能政策方面，对其政策效力进行了实证检验，但研究结论莫衷一是。

根据外部性理论和公共财政理论，部分学者认为政府利用节能政策引导、激励生产者和消费者形成有效的绿色市场行为，从而以较小的环境代价换取经济增长质量提升。基于荷兰 2050 年碳减排目标，特雷弗斯等（Treffers et al，2005）肯定了采用节能政策对于可持续发展的重要意义[310]。基于我国"十一五"节能减排目标和"千家企业节能行动"政策，周宁等（Zhou et al，2010）经过测算提出，截至 2009 年，该项政策目标在相关企业的配合下，得以实现，共计节约能源 106.2 百万吨标准煤；截至 2011 年，千家企业节能行动在"十一五"期间共计实现节能 150 百万吨标准煤，很大程度上推动了"十一五"节能减排活动进程[311]。申萌（2016）分析了该项政策的节能效果，指出该项政策对于企业的节能效率具有提升作用，同时，也促进了企业名义出口额增长和产业结构调整，对经济增长质量提升意义重大[312]。刘尚希等（2017）提出，在市场经济体制下，政府节能政策是实现经济发展和环境保护双赢的关键举措[313]。沈炳盛和于阳（2018）探究了我国财政节能环保支出对经济增长的影响作用，并进行了实证分析，研究结果表明二者之间呈正相关关系，但在不同地区，该影响作用存在强弱之分[314]。

然而，也有部分学者提出，由于市场化不充分或资源错配等原因，节能政策的实施效果还有待检验。例如，涂正革和谌仁俊（2015）以我国 CO_2 排放权交易市场为研究样本，分析了我国节能政策对二氧化碳排放和经济增长的影响，实证结果表明该项节能政策的政策效力并不强，其可能的原因在于我国尚不具备完善的市场运行机制，导致节能政策无法充分发挥其应有的政策效力[315]。申萌（2016）提出由于我国碳交易市场的低效运行，其减排效果和产业结构调整效应均尚未完全显现[312]。类似地，毛晖等（2013）、禹买（2020）也认为政府节能政策并未起到明显的减排效应[316,317]。

此外，还有一些学者在对节能政策减排效应的实证研究中，进一步提出了影响因素的作用。例如，王亚菲（2011）肯定了节能政策对于提高环境绩效的作用，但是其作用效果在各地区之间存在着普遍差异[318]。王冰（2012）则做了更加细致的实证分析，以山东省 17 个地区为研究样本，实证分析了这些地区节能政策的环境效应，研究结论显示政府对节能环保支出的使用效率不同，导致各地区的减排效应出现了显著的差异[319]。哈尔科斯等（Halkos et al，2013）提出，环保类节能政策对环境污染的影响受到人均收入水平的影响，在收入水平较高的国家（地区），节能政策可以有效地降低环境污染[320]。类似地，王鹏和谢丽文（2014）、李志美和雷良海（2018）、丁莹（2020）均肯定了这一研究结论[321-323]。

以上研究均肯定了节能政策通过外部性效应对经济增长质量产生影响，但由于学者们的研究视角不同，研究结论存在较大差异。本书认为节能政策通过优化资源配置、激励与约束市场行为以及资金保障等途径对经济增长质量产生促进作用。具体来说，一方面，从微观视角出发，政府通过政策扶持和经济激励可以支持企业增加技术创新研发投入，引导企业进行绿色生产工艺革新，进而推动企业的清洁化低碳转型；同时，节能政策也可以影响消费者的消费行为，深化消费者对于绿色消费和节能环保的认识，引导消费者从需求端促进经济转型发展。另一方面，从宏观视角出发，节能政策是基于环境保护基本国策下的有益实践，通过有效的干预行为可以正向调节环境保护行为，解决与环境相关的市场失灵问题，对全社会资源起到合理的配置作用。

基于此，本书提出以下假设。

H5 - 2：能源节约政策对经济增长质量提升具有促进作用。

5.1.3.3 新能源产业政策对经济增长质量影响的政策效力分析

发达国家较早地关注了新能源产业政策对于促进新能源产业发展、清洁能源体系建设以及经济低碳增长的重要作用，并对其政策效力进行了系统性的分析。赖希（Reich，2006）提出德国新能源产业健康发展主要得益于政府以市场为主导的新能源推广综合政策以及社会公众对于新能源发展的积极态度[324]。冈萨雷斯（González，2008）基于经济效益和生态效益的综合考虑，提出俄罗斯应该加大力度促进热电、核电、水电及清洁能源的开发利用，同时应建立清洁能源供给的调节机制，利用价格、税收、信贷等经济手段推动新能源产业有序发展[325]。博林格和怀泽（Bolinger & Wiser，2009）对美国政府一系列新能源产业发展支持政策的有效性进行分析，提出对于风电产品价格的补贴政策是风电产业健康发展的重要因素，美国政府每年投入 150 亿美元用于太阳能、生物燃料、水动力能等新能源产业前沿技术的研发和推广，以及利用 40 亿美元政府基金支持节能混合动力汽车生产的财政政策，均在一定程度上促进了美国新能源汽车产业的快速发展[326]。日本学者久根正树在其著作《日本的新能源战略》中指出，21 世纪以来，日本对于新能源产业的支持政策显著地促进了日本新能源产业的发展，进而推动了经济可持续增长[327]。伊尔内亚（Irnea，2020）提出，由于新能源产业劳动力密度高于传统化石能源，在投资带动下可以提供更多的就业岗位；国际可再生能源署预测，到 2050 年，世界能源低碳转型领域的年均投资额将超过 3.2 万亿美元，提供超过 1 亿个就业岗位，政府利用新能源产业政策推动新能源产业发展可以在稳定就业等方面促进经济增长质量提升[328]。

伴随着可持续发展基本国策的确立，我国政府颁布了多项新能源产业政策以促进新能源产业发展。王革华（2010）充分肯定了激励政策对新能源发展的有效推动作用，并提出政府综合运用经济与非经济激励政策引导能源企业的经营行为，促使新能源产业快速发展[329]。任东明（2011）认为，我国新能源产业发展不足的主要原因在于市场竞争机制不完善，政府应该重新审视规制政策的有效性，破解新能源产业发展瓶颈[330]。郭超英（2011）充分肯定了新能源产业政策对于推动经济高质量发展的重要意义，提出在市场保障力度、战略性、技术创新支持力度等方面政策设计仍存在欠缺，并基于新能源产业政策实施情况，从经济政策、税收等方面提出了促进我国新能源产业发展的应对策略[324]。

新能源产业政策可以通过外来资本支持解决新能源企业原始积累不足的弊端，解决新能源产业投资困境，促进产业结构转型升级，提高生态环境效益。本书认为，新能源产业政策能够推动新能源产业、太阳能发电等低碳产业快速发展，促进经济增长质量提升。

基于此，本书提出以下假设。

H5-3：新能源产业政策对经济增长质量提升具有促进作用。

5.1.4 能源政策对经济增长质量影响的政策时效性分析

不同类型的政策从其出台到发挥相应的作用，即指导与调整社会行为，所需时间的长短存在显著差异，不同目标导向的能源政策对经济增长质量的影响也可能存在时效差别。

能源节约政策属于管制型政策，可以利用"关停""罚款"等限制性措施对企业行为进行即时干预，短期效果较强；清洁能源开发政策属于激励型政策，一些企业可以积极响应政策号召，及时更新生产经营方式，但是，部分企业由于市场竞争力、配套设施、利润空间等问题，无法及时改变业已形成的生产方式，需要一定的时间积累，才能逐步作出相应改变，政策立竿见影效果较差；新能源产业政策属于调整型政策，我国提出基于区域专业化、产业集聚化的战略方针促进新能源产业发展，产业园区是目前新能源产业发展的普遍形式，而新能源产业园区建设需要解决园区布局、土地开发、基础设施及配套服务、经营管理等诸多基本性问题，是一个长期过程，说明新能源产业政策的时效性较长。

基于此，本书提出以下假设。

H5-4：清洁能源开发政策的政策效果明显；能源节约政策短期效果较强；新能源产业政策需要较长时间才能取得政策实施效果，但政策效力最强。

5.2　能源政策转型对经济增长质量影响的研究模型

5.2.1　研究模型构建

面板数据（panel data）是截面数据和时间序列数据的综合，最突出的优势就是可以克服时间序列分析中的多重共线性问题和遗漏变量问题，能够为模型估计提供更多的自由度，以提升估计的精度和效率。在前面理论分析的基础上，本书利用面板数据模型探究清洁能源开发政策、能源节约政策和新能源产业政策对经济增长质量的影响。计量模型如下：

$$Quality_{it} = C_1 + \alpha_1 Policy_{1_{it}} + \beta_1 Gov_{it} + \beta_2 ICT_{it} + \beta_3 Urb_{it} + \beta_4 People_{it}$$
$$+ \beta_5 Regulation_{it} + \beta_6 Open_{it} + f_i + \varepsilon_{it} \qquad (5-1)$$

$$Quality_{it} = C_2 + \alpha_2 Policy_{2_{it}} + \beta_7 Gov_{it} + \beta_8 ICT_{it} + \beta_9 Urb_{it} + \beta_{10} People_{it}$$
$$+ \beta_{11} Regulation_{it} + \beta_{12} Open_{it} + f_i + \varepsilon_{it} \qquad (5-2)$$

$$Quality_{it} = C_3 + \alpha_3 Policy_{3_{it}} + \beta_{13} Gov_{it} + \beta_{14} ICT_{it} + \beta_{15} Urb_{it} + \beta_{16} People_{it}$$
$$+ \beta_{17} Regulation_{it} + \beta_{18} Open_{it} + f_i + \varepsilon_{it} \qquad (5-3)$$

式（5-1）~式（5-3）中，$Quality_{it}$ 表示经济增长质量，$Policy_{1_{it}}$ 表示清洁能源开发政策，$Policy_{2_{it}}$ 表示能源节约政策，$Policy_{3_{it}}$ 表示新能源产业政策，政府干预（Gov_{it}）、信息化（ICT_{it}）、城市化（Urb_{it}）、人口密度（$People_{it}$）、环境规制（$Regulation_{it}$）和对外开放（$Open_{it}$）为一组可能对经济增长质量产生影响的控制变量，α、β 为相应的系数向量，f_i 代表个体异质性，ε_{it} 为随机误差项。在测度过程中，本书对总量类的指标进行取对数处理，其经济意义表示弹性。本书对每个方程分别进行当期数据回归，以分析不同类型能源政策对经济增长质量的政策效力，并对每个方程进行滞后数据回归，以分析不同类型能源政策对经济增长质量的政策时效性。

5.2.2 变量选择与数据来源

5.2.2.1 被解释变量

依据第 3 章经济增长质量的测度，通过超效率 SBM 方法得到的经济增长质量指数，以劳动力、资本与生态足迹为投入指标，以区域总产值为期望产出，二氧化碳排放作为非期望产出。

5.2.2.2 核心解释变量

在一定时间范围内，出台的政策数目越多，代表地方政府与人民代表大会对能源问题的治理意愿与治理能力越强[90]。本书参考曾婧婧和童文思（2018）的研究[214]，选取能源政策数目作为研究的自变量。具体来说，本书选取清洁能源开发政策、能源节约政策与新能源产业政策在统计年份的累计总数作为研究的核心解释变量。

5.2.2.3 控制变量

与第 3 章、第 4 章一致，本章选取政府干预、信息化水平、城镇化水平、人口密度、环境规制水平以及对外开放度作为能源政策影响经济增长质量实证检验模型的控制变量。

5.3 能源政策转型对经济增长质量影响的实证检验

本书利用面板数据模型对清洁能源开发政策、能源节约政策和新能源产业政策对经济增长质量的影响效应逐一进行检验。

5.3.1　当期影响效应检验

根据前面的分析，本章采用 Stata14.0 软件，利用面板数据模型探究能源政策对经济增长质量的影响作用。在面板数据模型的检验过程中，一种方法是对所有截面数据进行混合回归，假定回归方程完全相同，但忽略了个体之间的异质性特征；另一种方法是分别对每个样本数据进行单独的回归分析，即进行多次时间序列分析，但忽略了个体之间的共性特征。鉴于这两种方法的不足，通过假定个体之间拥有相同的斜率和不同的截距项进行回归分析。同时，本书利用豪斯曼检验，来判定选择固定效应模型或者随机效应模型对研究问题进行回归分析。变量的描述性统计分析结果见表 5.1。

表 5.1　　　　　　　　　　变量描述性统计分析

变量	平均值	标准差	最小值	最大值	样本量
$Quality$	1.0061	0.0720	0.6865	1.1922	600
$Policy_{1_{it}}$	71.4674	62.6508	0.0000	426.0000	600
$Policy_{2_{it}}$	29.6724	31.2525	0.0000	188.0000	600
$Policy_{3_{it}}$	93.7369	79.5231	0.0000	420.0000	600
Gov	0.1524	0.0748	0.0058	0.5411	600
ICT	0.1491	0.1156	0.0095	0.8601	600
Urb	0.5047	0.1571	0.1389	1.1835	600
$People$	0.0435	0.0628	0.0007	0.4230	600
$Regulation$	0.0016	0.0014	0.0000	0.0099	600
$Open$	0.3057	0.3744	0.0162	1.6802	600

5.3.1.1　清洁能源开发政策对经济增长质量的影响效应

对各项能源政策与经济增长质量的关系进行逐一检验。首先，利用面板数据模型检验清洁能源开发政策与经济增长质量之间的关系。固定效应估计结果见表 5.2。

表 5. 2 　　　清洁能源开发政策影响经济增长质量的固定效应回归结果

变量	系数	标准误	t	$p > \mid t \mid$	置信区间	
$Policy_{1it}$	0.000414	0.0001	7.0700	0.0000	0.0003	0.0005
Gov	0.252276	0.0778	3.2400	0.0010	0.0995	0.4050
ICT	0.195902	0.0376	5.2100	0.0000	0.1221	0.2697
Urb	0.125953	0.0373	3.3800	0.0010	0.0527	0.1992
$People$	−1.477750	0.2895	−5.1000	0.0000	−2.0464	−0.9091
$Regulation$	2.214181	2.5226	0.8800	0.3800	−2.7406	7.1689
$Open$	0.051973	0.0231	2.2500	0.0250	0.0066	0.0973
$\_cons$	0.890048	0.0174	51.2100	0.0000	0.8559	0.9242
$Sigma\_u$	0.0726					
$Sigma\_e$	0.0570					
rho	0.6182 （fraction of variance due to u_i）					
F test that u_i = 0：F（29，563）= 2.89；Prob > F = 0.0000						

　　为进一步检验清洁能源开发政策与经济增长质量之间是否存在个体效应，运用随机效应模型进行再次估计，结果见表 5.3。

表 5. 3 　　　清洁能源开发政策影响经济增长质量的随机效应回归结果

变量	系数	标准误	t	$p > \mid t \mid$	置信区间	
$Policy_{1it}$	0.000385	0.0000	8.5400	0.0000	0.0003	0.0005
Gov	0.203175	0.0364	5.5800	0.0000	0.1319	0.2745
ICT	0.114247	0.0345	3.3100	0.0010	0.0466	0.1819
Urb	0.072302	0.0247	2.9300	0.0030	0.0239	0.1207
$People$	−0.108085	0.0565	−1.9100	0.0560	−0.2188	0.0026
$Regulation$	−2.306030	1.8592	−1.2400	0.2150	−5.9500	1.3380
$Open$	−0.004664	0.0106	−0.4400	0.6590	−0.0254	0.0160
$\_cons$	0.904044	0.0115	78.7700	0.0000	0.8816	0.9265

　　从表 5.2 和表 5.3 可以看到，无论是采用固定效应模型还是随机效应模型，清洁能源开发政策对经济增长质量的影响系数显著为正。这说明清洁能源开发政策对清洁能源开发具有重要引导作用，通过调节能源市场供给，进而影响地区经济发展等方式，能够有效地推动我国经济增

长质量提升。

在得到清洁能源开发政策影响经济增长质量的固定效应和随机效应检验结果的基础上，通过运用豪斯曼检验方法对固定效应模型和随机效应模型进行检验，进而确定检验模型，豪斯曼检验结果见表 5.4，发现 p 值为0.0000，故强烈拒绝原假设"H_0：μ_i 与 x_{it}，z_{it} 不相关"。这说明在本书中，探究清洁能源开发政策对经济增长质量的影响应该使用固定效应模型而非随机效应模型。

表 5.4 豪斯曼检验结果

变量	(b)	(B)	(b－B)	sqrt（diag（V_b－V_B））
	fe	re	Different	S. E.
$Policy_{1_{it}}$	0.000414	0.000385	0.000029	0.000041
Gov	0.252276	0.203175	0.049102	0.072672
ICT	0.195902	0.114247	0.081654	0.018729
Urb	0.125953	0.072302	0.053651	0.030162
$People$	－1.477750	－0.108085	－1.369664	0.297282
$Regulation$	2.214181	－2.306030	4.520211	1.869331
$Open$	0.051973	－0.004664	0.056637	0.021704
$cons$	0.890048	0.904044	－0.013997	0.014080

$\chi^2(7) = (b-B)' [(V\_b - V\_B)^{-1}](b-B) = 67.2100$

$Prob > \chi^2 = 0.0000$

从固定效应模型估计结果来看，清洁能源开发政策在 1% 显著性水平下正向影响经济增长质量，每多出台 1 条清洁能源开发政策，经济增长质量会提升 0.000414 个单位，证明假设 H5－1 成立。伴随着"以奖代补""以奖促治"等方式的逐步深化，政府作为"看得见的手"能够对环境资源配置进行有效干预，为清洁能源发展提供资金支持，以及激励与促进企业清洁能源消费。政府的清洁能源开发政策可以鼓励企业以较少的经济成本提升清洁能源消费占比，引导企业革新绿色生产工艺，提高产品附加值。同时，清洁能源开发政策也会对传统化石能源行业造成一定冲击，政策倾斜有助于生产模式由粗放型向集约型转变，通过资源配置优化功能和资金保障功能，激励和引导企业行为，进而实现经济增长质量提升的最终目标。

对于控制变量而言，政府干预、信息化水平、城市化水平和对外开放度对经济增长质量都呈现出显著正相关关系，而人口密度对经济增长质量的影响为负，环境规制对经济增长质量的影响则表现出不显著的正向影响。

5.3.1.2 能源节约政策对经济增长质量的影响效应

同前面的分析，继续利用面板数据模型分析能源节约政策对经济增长质量的影响，通过 F 检验和豪斯曼检验，利用固定效应模型进行相应检验（检验步骤如 5.3.1.1 小节）。估计结果见表 5.5。

表 5.5　　　能源节约政策影响经济增长质量的固定效应回归结果

变量	系数	标准误	t	$p > \lvert t \rvert$	置信区间	
$Policy_{2_{it}}$	0.000619	0.0001	5.0800	0.0000	0.0004	0.0009
Gov	0.254829	0.0797	3.2000	0.0010	0.0983	0.4113
ICT	0.228478	0.0377	6.0500	0.0000	0.1543	0.3026
Urb	0.131272	0.0391	3.3500	0.0010	0.0544	0.2081
$People$	−1.472313	0.2971	−4.9600	0.0000	−2.0558	−0.8888
$Regulation$	2.494191	2.6135	0.9500	0.3400	−2.6393	7.6277
$Open$	0.071706	0.0238	3.0200	0.0030	0.0250	0.1184
$\_cons$	0.886576	0.0178	49.9400	0.0000	0.8517	0.9214
$Sigma\_u$	0.0681					
$Sigma\_e$	0.0582					
rho	0.5781（fraction of variance due to u_i）					
F test that u_i = 0：F（29，563）= 2.80；Prob > F = 0.0000						

从固定效应模型估计结果来看，能源节约政策在 1% 显著性水平下正向影响经济增长质量，每多出台 1 条能源节约政策，经济增长质量会提升 0.000619 个单位，证明假设 H5 − 2 成立。由于节能减排是具有显著正外部性和公共性特征的经济行为，不仅市场机制难以实现其外部性转化，市

场主体对于节能行为的主动性和积极性也不强，这就要求政府必须实行强有力的节能政策加以扶持和引导。进入 21 世纪以来，我国政府出台了多项节能降耗目标责任制、淘汰落后产能、供热计量改造等限制性行政措施，加强对企业违反相关政策的惩罚力度，对工业生产领域和居民生活领域范围内的能源使用行为进行约束和引导，进而提升了绿色经济发展水平。

5.3.1.3 新能源产业政策对经济增长质量的影响效应

同前面的分析，通过 F 检验和豪斯曼检验，利用固定效应模型检验新能源产业政策对经济增长质量的影响效应。估计结果见表 5.6。

表 5.6 新能源产业政策影响经济增长质量的固定效应回归结果

变量	系数	标准误	t	$p > |t|$	置信区间	
$Policy_{3it}$	0.000297	0.0000	6.7400	0.0000	0.0002	0.0004
Gov	0.252048	0.0781	3.2300	0.0010	0.0987	0.4054
ICT	0.188589	0.0381	4.9500	0.0000	0.1138	0.2634
Urb	0.152568	0.0365	4.1800	0.0000	0.0808	0.2243
$People$	−1.508398	0.2903	−5.2000	0.0000	−2.0786	−0.9382
$Regulation$	1.254309	2.5153	0.5000	0.6180	−3.6863	6.1949
$Open$	0.051249	0.0232	2.2100	0.0270	0.0057	0.0968
$\_cons$	0.882577	0.0173	50.8900	0.0000	0.8485	0.9166
$Sigma\_u$	0.0743					
$Sigma\_e$	0.0573					
rho	0.6272（fraction of variance due to u_i）					
F test that u_i = 0：F（29，563）= 2.96；Prob > F = 0.0000						

从固定效应模型估计结果来看，新能源产业政策在 1% 显著性水平下正向影响经济增长质量，每多出台 1 条发展能源政策，经济增长质量会提升 0.000297 个单位，证明假设 H5 - 3 成立。这说明我国的新能源产业政策能够有效地提高经济的高质量发展水平。在同样的经济投入下，新能源产业能够产生更加可观的绿色经济收益，对我国经济高质量发展具有更加

重要的战略意义。政府通过税收、价格等新能源产业政策措施，可以弥补新能源产业发展初期的成本劣势，对新能源企业进行适当补贴，助力其参与市场竞争，不断扩大生产规模，推动新能源产业园区建设。另外，由于政府政策的倾斜，对新能源产业补贴的同时，意味着对传统能源企业的规制，使传统能源企业增加生产成本。对于实力充足的传统能源企业来说，政府规制会引导其革新生产工艺和生产设备，进行绿色低碳转型；然而，对于实力薄弱的传统能源企业来说，政府规制会迫使其退出市场，进而推动地区企业的整体转型，促进经济增长质量提升。

5.3.2 影响时效检验

政策由颁布到实施，效果显现可能存在时滞，所以本书对每组回归模型都进行了滞后一期的检验。与前面的检验步骤相同，对面板数据分别进行 F 检验和豪斯曼检验，根据检验结果，利用固定效应模型进行实证分析，检验结果见表 5.7。为了与当期影响效应进行对比，表 5.7 归纳了当期影响实证检验的固定效应结果。

表 5.7　　　　　经济增长质量的当前影响回归与滞后影响回归结果

变量	全国（当期）			全国（滞后期）		
	（1）	（2）	（3）	（4）	（5）	（6）
$Policy_{1it}$	0.000414 *** (7.07)			0.000434 *** (7.46)		
$Policy_{2it}$		0.000619 *** (5.08)			0.000605 *** (4.95)	
$Policy_{3it}$			0.000297 *** (6.74)			0.000340 *** (7.92)
Gov	0.252276 *** (3.24)	0.254829 *** (3.20)	0.252048 *** (3.23)	0.281721 *** (3.45)	0.306526 *** (3.64)	0.264313 *** (3.24)
ICT	0.195902 *** (5.21)	0.228478 *** (6.05)	0.188589 *** (4.95)	0.230479 *** (6.18)	0.265442 *** (7.00)	0.235703 *** (6.38)

续表

变量	全国（当期）			全国（滞后期）		
	（1）	（2）	（3）	（4）	（5）	（6）
Urb	0.125953 ***	0.131272 ***	0.152568 ***	0.154537 ***	0.161056 ***	0.171390 ***
	(3.38)	(3.35)	(4.18)	(3.84)	(3.76)	(4.36)
People	−1.477750 ***	−1.472313 ***	−1.508398 ***	−1.661131 ***	−1.664877 ***	−1.687632 ***
	(−5.10)	(−4.96)	(−5.20)	(−5.38)	(−5.23)	(−5.51)
Regulation	2.214181	2.494191	1.254309	0.186184	−0.003699	0.128068
	(0.88)	(0.95)	(0.50)	(0.07)	(−0.00)	(0.05)
Open	0.051973 **	0.071706 ***	0.051249 **	0.082904 ***	0.094827 ***	0.084348 ***
	(2.25)	(3.02)	(2.21)	(3.42)	(3.76)	(3.50)
_cons	0.890048 ***	0.886576 ***	0.882577 ***	0.865507 ***	0.862479 ***	0.858524 ***
	(51.21)	(49.94)	(50.89)	(46.46)	(44.79)	(46.68)

注：***、** 分别表示显著性在 0.01、0.05 的水平。括号中的数值表示 t 统计值。

　　清洁能源开发政策滞后一期后，其对经济增长质量提升的影响系数基本不变，这说明清洁能源开发政策的效果较强，且可持续性较强，即清洁能源开发政策的可持续假设得到验证。能源节约政策滞后一期后，其对经济增长质量作用系数变小，依然显著，这说明能源节约政策的效果虽然显著，但其可持续性较弱，验证了上面提出的能源节约政策属于短期政策的假设。这说明我国长期以来巨大的能源消耗和环境污染基数决定了我国在短期内节能政策实施效果较为明显，而在滞后一期的情况下，节能政策实施效果有限。新能源产业政策滞后一期后，效果加强，相较于新能源产业政策对经济增长质量的当期影响，滞后一期的新能源产业政策更加能够有效地促进经济增长质量提升，即在保持其他条件不变时，每增加 1 条新能源产业政策，当期经济增长质量可以提升 0.000297 个单位，而下一年度经济增长质量可以提升 0.000340 个单位。可能的原因在于推动新能源产业发展是一个长期过程，产业发展不仅涉及规划落实、园区建设等基础条件保障，同时，还需要解决基础设施更新和配套服务完善等其他问题，新能源产业政策在短期内的效力并不强，但是经过一段时间的政策时滞后，将从根本上推动地区经济转型升级，促进经济增长质量提升。因此，假设 H5-4 得到验证。

5.3.3 稳健性检验

为考察结果是否稳健，本书参考曾婧婧和童文思（2018）[214] 等的研究，利用三种方法分别对模型的稳健性进行检验。首先，为避免模型内生性、估计偏误等问题，本书纳入核心解释变量能源结构转型（TES）以及能源技术转型（lnet）重新进行估计，发现结果并无明显差别，验证了上述模型结果的稳健性；其次，本书更换被解释变量经济增长质量（Quality）的测算方法，即在规模报酬不变的假设下，基于超效率 SBM-DEA 测算以投入为导向的全要素生产率，得到的模型结果并未出现显著差异，进一步证实了本书模型的稳健性；最后，本书通过对三类政策降维处理得到综合能源政策转型指数，进一步进行稳健性检验。

事实上，由于政府在政策层面上通常将不同类型的政策措施进行组合使用，为反映现实情况下三类能源政策组合对经济增长质量的作用，本书对清洁能源开发政策、能源节约政策和新能源产业政策三类能源政策进行降维处理，以此形成新的政策变量（Policy）。为探究政策组合（Policy）对经济增长质量的影响，再次利用面板数据模型进行回归分析，以确保本书研究的科学性与可靠性。在对三类政策数量降维时，考虑到清洁能源开发政策、能源节约政策和新能源产业政策的政策内容和政策偏向各不相同，同时，通过前面的实证检验结果可知，每种政策对于经济增长质量的效力也存在着较大的差别，如果单纯地将三种能源政策进行加总，可能无法全面地衡量地区的能源政策转型程度，因此，本书利用基于实数编码的加速遗传算法改进的投影寻踪模型对三类能源政策指数进行相应的降维处理。

投影寻踪（projection pursuit，PP）是处理和分析高维非线性、非正态数据的有效方法，该方法融合了计算机技术、经济数学和统计学等学科思想，根据数据的结构和特征，在低维数据空间中寻找高维数据的特征投影，以此对高维数据进行降维处理[331]，具有稳健性、抗干扰性和准确度高等优点，因而在许多领域得到广泛应用[332]。其投影寻踪步骤如下：

（1）投影指数函数 $Q(a)$ 的建立。将 p 维数据 $\{x(i,j)\mid j=1,2,\cdots,p\}$ 投影到低维子空间，进而获得最佳投影方向 $a=\{a(1),a(2),a(3),\cdots,a(p)\}$，可以将最佳投影方向的数值理解为权重，基于此便可求得投影值 $z(i)$ 和投影函数 $Q(a)$。

$$z(i)=\sum_{j=1}^{P}a(j)x(i,j),i=1,2,\cdots,n \qquad (5-4)$$

$$Q(a)=S_zD_z \qquad (5-5)$$

其中，S_z 为投影值 $z(i)$ 的标准差，D_z 为投影值 $z(i)$ 的局部密度：

$$S_z=\sqrt{\frac{\sum_{i=1}^{n}(z(i)-E(z))^2}{n-1}} \qquad (5-6)$$

$$D_z=\sum_{i=1}^{n}\sum_{j=1}^{n}(R-r(i,j))\times u(R-r(i,j)) \qquad (5-7)$$

其中：$E(z)$ 为投影值的平均值；R 为局部密度的窗口半径；$r(i,j)$ 表示样本之间的距离，$r(i,j)=|z(i)-z(j)|$；$u(t)$ 为一单位阶跃函数，当 $t\geqslant0$ 时，其函数值为1，否则，为0。

（2）优化投影指标函数。确定指标集高维数据特点集中反映于最佳投影方向，即最大化目标函数：

$$\max Q(a)=S_z\times D_z \qquad (5-8)$$

$$s.t.\sum_{j=1}^{P}a^2(j)=1 \qquad (5-9)$$

（3）计算能源政策指数。将通过步骤（2）求得的最佳投影方向 a^* 代入式（5-4）后，可以得到各个地区的投影值 $z^*(i)$，即各个地区能源政策指数。

进一步，在求解最佳投影方向时，本书选择基于实数编码的加速遗传算法来解决投影寻踪求解的障碍，原因在于，该方法可以在较大程度上提高算法的寻优性，具体来说，该方法在克服二进制算法 Hamming 悬崖问题、压缩 SGA 的寻优区间等方面具有显著优势，进而有利于快速求得最优解[331]。

基于以上方法可以获得各地区的能源政策转型指数，构建检验模型如下：

$$Quality_{it} = C + \alpha policy_{it} + \beta X_{it} + f_i + \varepsilon_{it} \qquad (5-10)$$

接下来，本书运用面板数据模型回归分析全国层面能源政策对经济增长的当期影响和滞后影响，其中能源政策转型指数由投影寻踪模型计算所得，其他变量与前面一致。与前面模型选择检验方法相同，F 检验和豪斯曼检验结果均显著支持固定效应，检验结果见表 5.8。

表 5.8 全国层面经济增长质量的当前影响回归与滞后影响回归结果

解释变量	全国（当期）			全国（滞后）		
	参数估计值	t 统计量	伴随概率	参数估计值	t 统计量	伴随概率
$policy_{it}$	0.069907	5.5800	0.0000	0.102042	7.5700	0.0000
Gov	0.272632	3.4600	0.0010	0.270911	3.3100	0.0010
ICT	0.228958	6.1100	0.0000	0.247761	6.7000	0.0000
Urb	0.158144	4.2600	0.0000	0.144051	3.5500	0.0000
$People$	− 1.592373	− 5.4400	0.0000	− 1.635083	− 5.3000	0.0000
$Regulation$	1.369577	0.5400	0.5920	0.741660	0.2800	0.7810
$Open$	0.056250	2.4000	0.0170	0.091386	3.7600	0.0000
$\_cons$	0.880223	50.1800	0.0000	0.864612	46.5400	0.0000
F 统计量	48.0700	豪斯曼检验	$\chi^2 = 67.0100$ P = 0.0000	61.3400	豪斯曼检验	$\chi^2 = 82.5700$ P = 0.0000
伴随概率（F 统计量）	0.0000			0.0000		

根据表 5.8 可知，核心变量与假设检验模型中的实证结果保持着大致相同的作用方向和显著性，在当期影响研究模型中，政策组合（Policy）对经

济增长质量的回归系数为 0.069907，显著高于清洁能源开发政策、能源节约政策和新能源产业政策的回归系数，这说明任何单项能源政策的出台都不能够全面地促进经济增长质量水平提升，有效地利用能源政策组合才是促进经济增长质量提升的有效方法。另外，能源政策在滞后回归模型中的作用系数大于当期有效系数，这说明在整体上，能源政策并不是一蹴而就的，需要一定的时效积累。

5.4 能源政策转型对经济增长质量影响的实证检验结果分析

本书认为，根据政策导向的不同，可以将我国的能源政策划分为致力于清洁能源开发利用的清洁能源开发政策、致力于能源节约使用的能源节约政策，以及致力于新能源产业发展的新能源产业政策三种类型，其政策侧重点和规制作用各有不同。三类能源政策对于经济增长质量均存在一定的影响作用，从政策效果来看，可以从政策效力和政策时效性方面对其进行大致比较。

从政策效力来看，一方面，能源节约政策对于经济增长质量的促进作用要强于清洁能源开发政策和新能源产业政策。这说明我国粗放型的经济发展方式造成了大量的能源消耗和浪费，能源节约政策作为我国多年来长期坚持的基本能源政策之一，顺应了资源友好型产业的发展需要，在长期政策实践下取得了一定成效。推进能源节约使用可以有效地提高能源使用效率，促使企业摆脱粗放型发展方式的约束，借助能源节约政策可以在较大程度上促进经济增长质量提升。另一方面，通过将三类能源政策进行降维处理，发现三类政策组合使用的政策效力更加显著。这说明针对地区经济发展和能源使用的实际情况，选择合适的政策组合对企业和消费者的经济行为进行有效引导和激励，以推动经济增长质量提升，将是更加稳健和有效的方式。

从政策时效性来看，一方面，能源节约政策具有短期的政策效果，但是持续性不强，而新能源产业政策的立竿见影效果较差，在长时期内效果更加明显。这说明促进高耗能产业转型发展是一个漫长的过程，我国应高度重视工业发展对于煤炭等化石能源消费的依赖特征，为能源企业转型发展提供必要支持。另一方面，能源政策组合滞后一期的作用效果也更加显著。这说明在短期内，我国作为全球最大的能源消费国和温室气体排放国的事实无法改变，应充分认识能源转型进程和能源政策转型工作的长期性和艰巨性，明确能源政策制定的长期战略目标，并将其与社会经济活动相融合，推动能源资源配置优化和消费结构升级，促进产业绿色发展，进而提升经济增长质量。

5.5　本章小结

本章基于我国多层次全方位的能源政策体系和多元化的能源政策目标，将能源政策划分为清洁能源开发政策、能源节约政策和新能源产业政策三类较为重要的能源政策类型，构建能源政策驱动经济增长质量提升的计量模型，利用面板数据模型验证了三类能源政策的政策效力和政策时效性。

第6章

能源转型对经济增长质量影响的仿真研究

本章将能源结构转型、能源技术转型和能源政策转型三类能源转型路径对经济增长质量的影响作用纳入仿真模型，利用规划建模与仿真分析方法探究能源转型对经济增长质量影响的动态效应，进而逐步探讨并甄别出更为有效的能源转型路径，为具备不同发展条件的地区提供未来的能源转型发展方向。

6.1 能源转型对经济增长质量影响的仿真模型设定

6.1.1 仿真模型构建

本节利用 Simulink 软件对 2020～2030 年和 2030～2050 年能源转型对经济增长质量影响的动态效应进行仿真研究。Simulink 软件通过建模、仿真和分析各种动态系统，包括连续系统、离散系统和混合系统，提供一种图形化的交互环境。能源转型对经济增长质量影响仿真模型的建立主要由三部分组成，即：搭建子系统与嵌套系统；设置各指标初始参数；调试各类参数运行结果。

本书在第 3~5 章内容中，利用不同类型的计量模型分别对能源结构转型、能源技术转型和能源政策转型对经济增长质量的影响进行了实证研究和相应的稳健性检验。根据研究结论，能源结构转型、能源技术转型、能源政策转型对经济增长质量具有不同程度的影响作用，研究结果具有较强的可靠性。基于系统仿真模型思想，遵循第 3~5 章的实证研究，依次加入门槛模型、空间计量回归模型和面板数据模型中的相关变量，政府干预（Gov_{it}）、信息化（ICT_{it}）、城市化（Urb_{it}）、人口密度（$People_{it}$）、环境规制（$Regulation_{it}$）和对外开放（$Open_{it}$）等控制变量不变。具体仿真模型构建见式（6-1）~式（6-3）。

$$
\begin{aligned}
Quality_{it} = {} & \theta_1 + \beta_1 Gov_{it} + \beta_2 ICT_{it} + \beta_3 Urb_{it} + \beta_4 People_{it} + \beta_5 Regulation_{it} \\
& + \beta_6 Open_{it} + \beta_7 TES_{it} \times I(Threshold_{it} \leqslant \gamma_1) \\
& + \beta_8 TES_{it} \times I(Threshold_{it} > \gamma_1) + \varepsilon_{it}
\end{aligned} \tag{6-1}
$$

$$
\begin{aligned}
Quality_{it} = {} & \rho W \times Quality_{it} + \beta_9 \ln et_{it} + \beta_{10}(\ln et_{it})^2 + \beta_{11} Gov_{it} + \beta_{12} ICT_{it} \\
& + \beta_{13} Urb_{it} + \beta_{14} People_{it} + \beta_{15} Regulation_{it} + \beta_{16} Open_{it} \\
& + \theta_2 W \times Gov_{it} + \theta_3 W \times ICT_{it} + \theta_4 W \times Urb_{it} \\
& + \theta_5 W \times People_{it} + \theta_6 W \times Regulation_{it} \\
& + \theta_7 W \times Open_{it} + \theta_8 W \times \ln et_{it} \\
& + \theta_9 W \times (\ln et_{it})^2 + \mu_{it}
\end{aligned} \tag{6-2}
$$

$$
\begin{aligned}
Quality_{it} = {} & \theta_{10} + \beta_{17} Policy_{it} + \beta_{18} Gov_{it} + \beta_{19} ICT_{it} + \beta_{20} Urb_{it} + \beta_{21} People_{it} \\
& + \beta_{22} Regulation_{it} + \beta_{23} Open_{it} + f_i + \varepsilon_{it}
\end{aligned} \tag{6-3}
$$

6.1.2 数值仿真

6.1.2.1 数据描述

在利用 Simulink 软件进行仿真研究中，需要拟定模型各个参数的初始值。本节旨在基于第 3~5 章中能源结构转型、能源技术转型与能源政策转型三条能源转型路径组合对于经济增长质量影响的模型结果，进行 2020 ~ 2030 年以及 2030 ~ 2050 年全国层面的经济增长质量仿真分析，进而探讨基于能源转型促进经济增长质量提升的潜力。在仿真模型中，需要设定仿真模型各个参数的初始值、初始条件以及增长趋势。本书将 2019 年这一时点下包含着各个核心变量、门槛变量以及控制变量的区域样本数据取平均值处理，得到全国层面各个参数的初始数值，并充分考虑 2000 ~ 2019 年各个变量的时间序列变化规律，从而对 2020 ~ 2030 年全国层面能源转型对经济增长质量影响的动态效应进行仿真研究。同理，利用仿真得到的 2030 年各变量数值以及未来发展趋势，进行 2030 ~ 2050 年的仿真研究。

6.1.2.2　数值仿真步骤

经济增长质量涵盖多种投入与产出指标，是一个较为复杂的变量，本书在对 2020 ~ 2050 年不同能源转型路径对经济增长质量的仿真研究中，首先基于时间序列对式（6 - 1）~ 式（6 - 3）中各自变量进行仿真分析，进而利用 Simulink 软件对能源转型对经济增长质量影响的动态效应进行仿真分析。

本书利用差分整合移动平均自回归模型（autoregressive integrated moving average model，ARIMA）对各自变量进行仿真研究。ARIMA 模型是指将非平稳时间序列转化为平稳时间序列，并利用因变量对其滞后项以及随机误差项的现值与滞后值进行回归所建立的模型。根据原始时间序列的平稳性，ARIMA 模型的建立过程中分为自回归（AR）、自回归移动平均（ARMA）、移动平均（MA）以及 ARIMA 过程。能源转型对经济增长质量影响仿真模型构建的具体步骤如下。

1. 单位根检验

首先对时间序列进行单位根检验，确保其为平稳序列。若检验结果为非平稳，则继续判定高阶差分是否为平稳过程。本书采用 Dickey-Fuller 检验（DF）和 Pillips-Perrpn 检验（PP）两种方法对时间序列进行单位根检验。DF 检验与 PP 检验均为左边单侧检验，原假设为"存在单位根"。检验统计量小于 5% 临界值，说明在 5% 的显著性水平上拒绝"存在单位根"的原假设，反之则无法拒绝原假设，即单位根存在。

2. 序列相关性检验

使用 ARIMA 模型进行序列拟合时，需要对时间序列的自相关函数（ACF）和偏自相关函数（PACF）进行分析，确定自回归项与移动平均项的合理滞后阶数，进而确定 ARIMA 参数。若无自回归性，则分析高阶单整过程。若 ACF 拖尾且 PACF 截尾，则不含移动平均成分，使用 AR（p）模型；ACF 截尾且 PACF 拖尾则不含自回归成分，使用 MA（q）模型；二者均截尾时分别使用 AR（p）模型、MA（q）模型，利用赤池信息准则（AIC）和贝叶斯信息准则（BIC）判定优劣；二者均拖尾则使用 ARMA（p, q）模型。

3. 序列拟合分析

根据 ARIMA 模型的预设，分别对时间序列自相关 AR 项及移动平均 MA 项的滞后系数进行拟合分析。当不含 MA 成分时，则不进行拟合，在 AR 与 MA 之间选择时采用 AIC 和 BIC 信息准则进行判定，同时含 AR 与 MA 项时保留系数不为零的滞后项。

4. 时间序列分析结果

基于 ARIMA 模型对指标高阶单整过程的滞后项系数拟合结果，将数据差分过程还原，得到相关指标的信号输入值。

6.2　基于能源转型路径组合的数值仿真

根据上面 ARIMA 模型得到的各变量仿真结果，本书仿真得到各自变量在 2020~2050 年的仿真结果。基于此，本书对 2020~2030 年和 2030~2050 年不同能源转型路径组合对经济增长质量影响的动态效应进行仿真分析。

6.2.1　基于单－能源转型路径的数值仿真

6.2.1.1　能源结构转型对经济增长质量影响的仿真研究

结合第3章模型的建立，本节将分别包含着能源结构转型和能源强度为门槛变量的方程转化为能源结构转型对经济增长质量影响的仿真模型，并建立仿真流程图（如图6.1所示）。

将能源结构转型作为能源转型的单一投入变量，并同时将能源结构转型所发挥的要素替代效应、资源禀赋效应与规模和成本效应纳入仿真模型中，仿真得到经济增长质量水平在2020～2050年的全国水平趋势图（见图6.2）。在2020～2030年，能源结构转型影响下的经济增长质量水平呈现出递增趋势，仿真得到2030年经济增长水平为1.11；在2030～2050年中，能源结构转型的影响作用更为平稳，且对于经济增长质量的促进作用更强，整体而言，能源结构转型对经济增长质量的影响始终处于促进状态，并且随着时间的推移，其促进作用更为明显。

优化能源结构，实现产业结构调整与能源结构优化互驱共进，是推动能源革命、实现经济增长质量稳步提升的关键路径。在推动能源结构转型的过程中，必然伴随着高能耗、高排放、高污染产业的有序退出，能源结构的调整对于产业变迁具有重要意义，低能耗、低排放、高质量效益的非煤产业、战略性新兴产业、现代服务业的蓬勃发展会成为富有活力的新经济增长点，形成节能低碳的产业体系。从各国和地区的实际行动来看，提高非化石能源在能源消费中的比重、降低整个社会对化石能源的依赖已经从共识逐步走向共同行动，而其中以非化石能源代替化石能源的趋势更为明显。非化石能源消费结构的转变具有其特有的优势，非化石能源的广泛利用不仅可以降低经济发展的能源依赖性，也为能源供给的安全问题提供新的解决路径，从而分散资源供给冲击所带来的不可估量的风险。以促进非化石能源发展为主要特征的能源结构调整

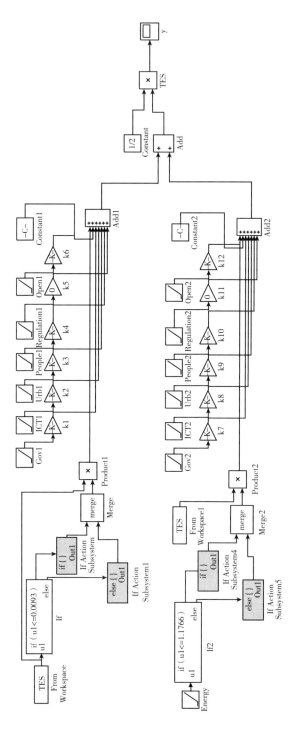

图 6.1 能源结构转型对经济增长质量影响的仿真流程

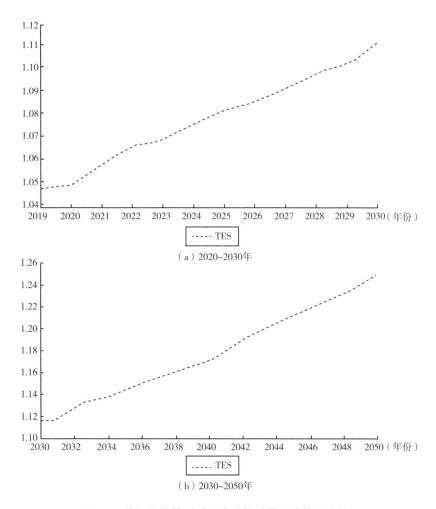

图 6.2　能源结构转型对经济增长质量影响的仿真结果

所带来的环境效益对于经济增长质量的提升是十分重要的，利用非化石能源不仅有助于降低二氧化碳排放水平，同时其他污染物如二氧化硫、氮氧化物等的排放量也大大减少。新能源产业的发展及其对化石能源的替代，有助于从根本上缓解日益严重的环境问题。能源结构转型成为我国应对气候变化、建设清洁低碳社会、实现能源可持续发展与经济增长质量稳步提升的关键途径。

6.2.1.2 能源技术转型对经济增长质量影响的仿真研究

结合第 4 章模型的建立，本节将包含着能源技术转型水平以及其二次项的方程转化为经济增长质量的仿真模型，并建立仿真流程图（见图 6.3）。

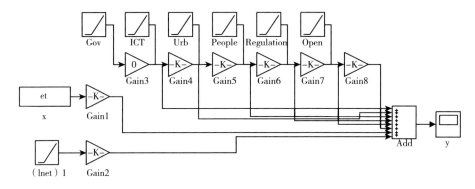

图 6.3 能源技术转型对经济增长质量影响的仿真流程

基于空间视角，考虑到空间权重以及空间滞后交互项，本节将模型结果进行换算处理，仿真得到经济增长质量水平在 2020～2050 年的全国水平趋势图（见图 6.4）。在 2020～2030 年，能源技术转型路径影响下的经济增长质量水平呈现出波动上升的趋势，在 2030 年经济增长质量达到 1.1。在 2030～2050 年，仿真曲线的斜率更大，并在 2050 年达到近 1.22，这表明随着时间的演进，能源技术转型对于经济增长质量的作用更为强烈。值得注意的是，相较于图 6.2 中能源结构转型对于经济增长质量的仿真结果，能源技术转型的促进作用稍显劣势。

能源技术转型是促进我国经济增长质量提升的重要途径。技术创新能够为经济发展提供本质上的原动力，是我国现代化体系建设中不可或缺的动力源泉。自 2014 年，习近平总书记提出"四个革命、一个合作"的重大能源战略思想[①]以来，提高能源技术水平以引领能源体系的整体变革成为促进产业转型、保护生态环境，实现可持续发展的关键路径。回顾历次

---

① 马建堂. 十年伟大飞跃 [M]. 北京人民出版社，2022：181.

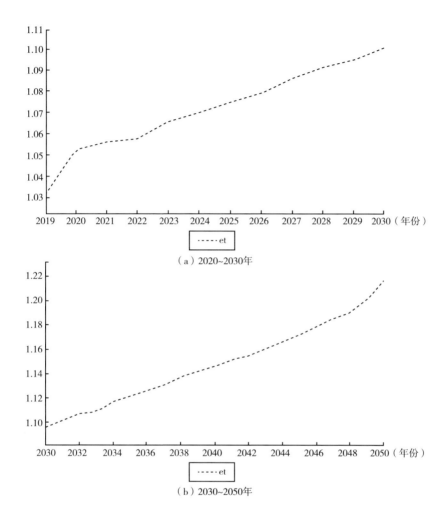

图 6.4　能源技术转型对经济增长质量影响的仿真结果

能源转型阶段，其原动力均来自技术的创新与新成果的发明。第一次能源转型中，在蒸汽机的发明与应用下，薪柴逐渐被煤炭资源取代；第二次能源转型中，化石能源的大规模应用得益于内燃机的创造；目前正处于第三次能源转型中，其标志则是互联网的普及与信息化水平的提高。面临着环境与资源的双重压力，在新一轮能源革命到来之际，能源技术将扮演着举足轻重的角色，并成为引领科技革命与产业革命的重要着力点。此外，能源技术的发展动态也在一定程度上预示着全球能源发展的整体态势，世界发达国家与主要地区已将能源技术置于战略高点，采取措施与政策规划引领地区能源科技水平的提高。在我国，以技术创新为主的能源技术转型将为我国产业优化与升级培育新的增长点，不仅能够满足我国在能源生产装备方面的技术需求，也会缓解面临的资源约束问题，进而加快我国迈向世界能源科技强国的步伐。

6.2.1.3 能源政策转型对经济增长质量影响的仿真研究

结合第5章模型的建立，本节将利用投影寻踪处理后的三类能源政策的低维度指标作为能源政策转型的初始投入值，并将回归方程转化为能源政策转型对经济增长质量影响的仿真模型，建立仿真流程图（见图6.5）。

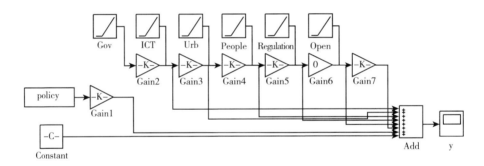

图6.5 能源政策转型对经济增长质量影响的仿真流程

仿真得到经济增长质量水平在2020～2050年的全国水平趋势图（见图6.6）。总体上，2020～2050年，以单一的能源政策转型所仿真得到的经济增长质量水平最高，2030年达到1.12，2050年则大幅度跨越增长，达到1.31。

政策本身的释义是国家为实现一定历史时期的路线而制定的行动准则，我国在不同的历史时期制定了一系列不同导向的能源政策[214]。能源领域的政策目标直接影响到我国经济增长质量的水平。根据能源发展目标导向，从政策层面规范和指导能源领域发展，从而实现能源清洁转型，推

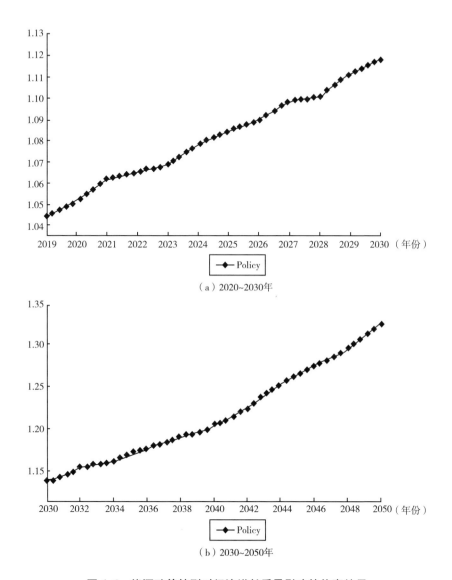

图 6.6　能源政策转型对经济增长质量影响的仿真结果

动经济增长质量提升。具体而言，能源政策可以通过三个方面对经济增长质量产生影响。首先，在能源政策的干预下，新能源市场竞争力逐步彰显。在新能源发展初期，仅仅依靠市场的力量无法弥补其较大的成本劣势，而在政府补贴与激励政策引导下，传统化石能源市场势力逐渐弱化，新能源基于其特有的环境效益与规模经济效益逐步彰显出产业特有的竞争力,进而推动经济低碳化的进程。其次,能源政策能够引领能源技术的进步,在全球可持续发展要求下促进我国全球价值链的攀升。在环境方面,有关环境规制的能源政策能够在不同程度上发挥出创新补偿效应,推动中小企业进行节能减排的绿色技术创新。在财政方面,有关税收的激励政策与退坡机制进一步促使能源企业试图提高劳动生产率水平,实现以技术引领的高效化生产。最后,能源政策能够在宏观上有序推动新能源产业发展的标准化与规模化,实现高效的能源产业链,并推动清洁能源产业内部的循环可持续发展。

总体上,将三类能源转型路径下预测得到的经济增长质量曲线进行对比(见图6.7)可以得到,三类能源转型路径下,经济增长质量的预测值呈现相同的趋势,并且在数值上差距较小,可以认为,本书所建立的仿真预测模型较为合理。具体来看,在三种能源转型路径下,能源结构转型在增长的过程中与能源政策转型、能源技术转型仿真研究中经济增长质量水平有所交叉;能源技术转型路径影响下的经济增长质量水平呈现出波动上升的趋势,虽然与能源政策转型和能源结构转型影响下的曲线有所交叉,但总体上的仿真数值相比于其他两类转型途径的影响,稍显劣势;此外,通过图6.7中三条曲线的重叠与交叉情况可以得到,能源政策转型路径的独立性更强。

6.2.2 基于两种能源转型路径的数值仿真

6.2.2.1 能源结构转型与能源政策转型对经济增长质量影响的仿真研究

基于前面有关能源结构转型以及能源政策转型的面板门槛模型与固定效应模型,本书建立了基于能源结构转型与能源政策转型的仿真流程图(见图6.8)。

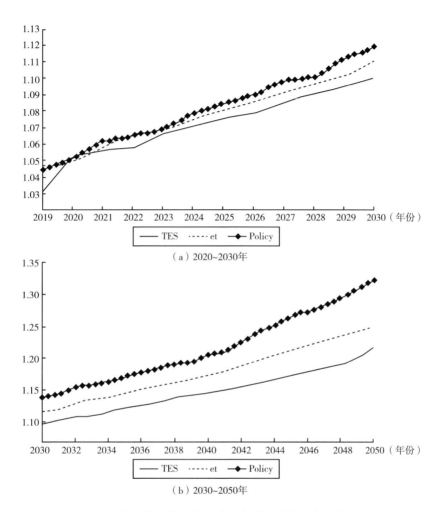

图 6.7　单一能源转型路径对经济增长质量影响仿真结果

通过仿真得到经济增长质量仿真结果（见图 6.9）。由图 6.9 可以发现，在两类能源转型路径组合作用下，经济增长质量的仿真结果均高于单一路径的仿真结果，2030 年仿真结果为 1.153。此外，曲线波动幅度与增长斜率均有所增加。

保持经济增长离不开政府这一"看得见的手"对国民经济进行调节和控制。能源政策通常倾向于对能源发展的引导与激励，政策的实施效果不仅体现在区域能源消费强度的变化上，也体现在能源消费与经济的共同增

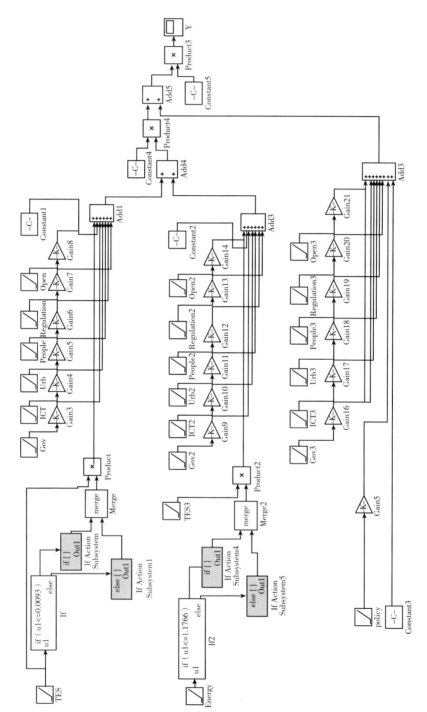

图 6.8 能源结构转型与能源政策转型组合对经济增长质量影响的仿真流程

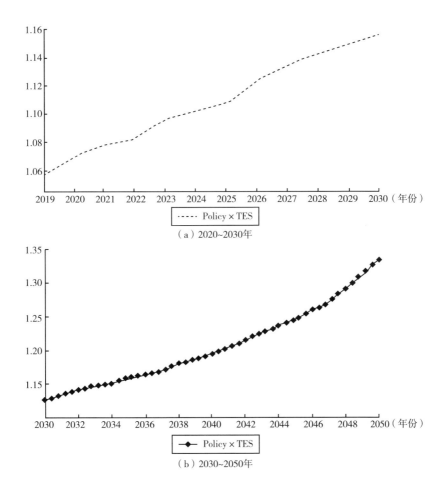

（a）2020~2030年

（b）2030~2050年

图 6.9　能源结构转型与能源政策转型组合对经济增长质量影响的仿真结果

长上。在受到外部条件约束以及能源危机冲击时，能源消费与经济总量会发生不同程度的变化。

　　第四次科技革命的浪潮正在为经历百年未有之大变局的世界源源不断地输送崭新的发展动能——新技术的生长、新需求的萌发、新消费的涌现等，未来图景逐渐从虚拟想象成为生活现实，渗透并改变生产和生活方式。以我国新能源汽车行业为例，在全球新能源汽车产业确定性向好的格局下，新能源汽车的行业渗透率将稳步持续提升。国内行业已逐步从政策驱动型市场逐渐向消费驱动型市场转型。实际上，不仅是新能源产业的发展，我国的诸多能源政策都与能源结构密不可分。在不同时期，针对不同的环境背景，我国已经出台不同类型的能源政策，并基本形成了多角度、宽领域的能源政策体系。目前，我国重点关注风能、水能等清洁能源的政策制定以及有关煤炭政策的完善，以期最小化传统能源的环境损失，实现更大程度的节能减排力度。

6.2.2.2 能源技术转型与能源政策转型对经济增长质量影响的仿真研究

基于前面有关能源技术转型以及能源政策转型的空间面板模型与面板数据模型，本书建立了基于能源技术转型与能源政策转型路径组合对经济增长质量影响的仿真流程图（见图6.10）。

通过仿真，得到经济增长质量的仿真结果，如图6.11所示。由图6.11可知，在两类能源转型路径影响下，经济增长质量处于波动上升状态，并且2020~2030年波动幅度较大。在能源技术转型与能源政策转型的共同作用下，2050年，经济增长质量仿真结果达到1.32，虽然较能源结构转型与能源政策转型的共同作用稍显劣势，但是相比于单一转型路径，其对经济增长质量的促进作用更强。

技术创新是经济高质量发展的重要驱动要素，充分发挥能源政策工具的诱发能源技术进步效应是我国能源转型的关键举措。由于能源技术市场存在一定程度的资源错配和市场失灵情况，政府的政策引导和激励作用十分关键。通过经济手段对能源市场进行有效干预，可以对高耗能、高污染型产业形成机会成本和生产成本压力，挤压其预期利润，削弱其市场竞争力，迫使该类产业进行绿色转型或者退出市场，进而促进产业低碳转型，推动地区经济增长质量提升。地区政府应致力于营造良好的技术创新环境，为引进、吸纳前沿技术，推动新一轮能源技术转型奠定坚实的制度基础。政府在搭建创新体制和制定鼓励技术创新机制中发挥重要作用，在基础性、公益性的技术创新中应该承担起明确方向、提供资金与监管责任，在应用型技术方面提供好的财税和产业政策环境以促进技术的市场化和规

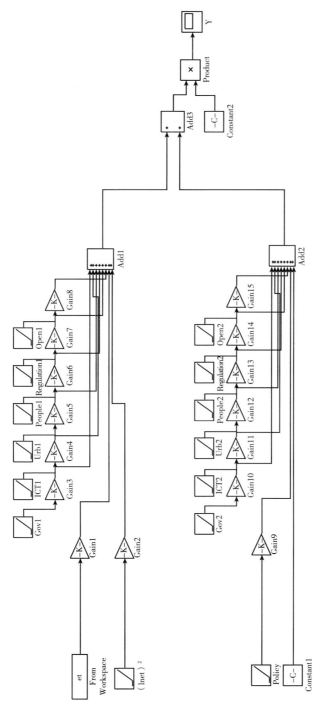

图6.10 能源技术转型与能源政策转型组合对经济增长质量影响的仿真流程

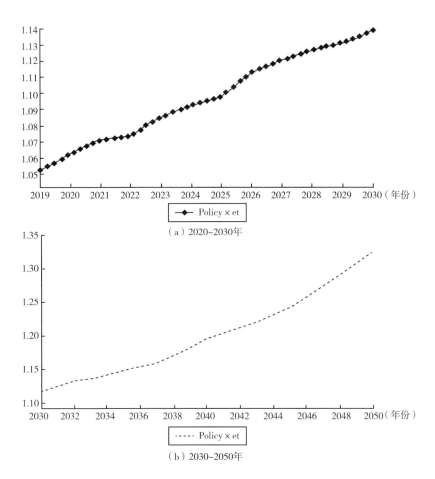

图 6.11　能源技术转型与能源政策转型组合对经济增长质量影响的仿真结果

模化应用。在低碳规制、产业支持、技术补贴、绿色发展等能源政策的引领下，能源技术转型活动会以更高效的方式推进能源结构"轻量化"与"高质化"，促进产业结构和经济结构轻型化，发展新能源产业，增加就业，推进经济增长转型升级。

6.2.2.3　能源结构转型与能源技术转型对经济增长质量影响的仿真研究

　　　　基于前面有关能源结构转型以及能源技术转型的面板门槛模型与面板

数据模型，本书建立了基于能源结构转型与能源技术转型的仿真流程图（见图 6.12）。

通过仿真，得到经济增长质量仿真结果，如图 6.13 所示。由图 6.13 可以发现，经济增长质量经过 2020～2022 年的快速增长后，2022～2023 年增长速度变缓，2030 年达到 1.135，2046～2050 年，其增长趋势又趋于陡峭，于 2050 年达到 1.3。

能源转型的核心要求是在提高综合能源利用效率的同时，通过能源技术进步驱动经济总量的增长与多重效益的实现，进而实现经济增长质量的攀升，这就要求同时注重能源结构的"双控"约束与能源技术的创新驱动作用。我国能源结构错综复杂，不仅包含大量煤炭等化石能源，也涵盖了不同种类的清洁能源，各类能源的发展相对独立，并未形成能源协调发展的格局，也致使"能源竖井"弊端的产生。同时，我国煤炭资源总量丰富，且工业生产对煤炭资源存在较大的路径依赖，在短期内，以煤炭为主导能源的能源结构很难发生根本的转变。能源结构转型不仅需要加快新能源开发步伐，更需要加大对于传统化石能源的低碳清洁化调整力度。在此过程中，需要重点关注煤炭资源的清洁化利用，逐步推动我国能源结构低碳化转型。在"去煤化"过程中，经济增长质量的攀升很大程度上取决于煤电技术、碳捕获技术等有关针对煤炭使用的能源技术水平的高度。错综复杂的能源发展格局不可避免地引发局部矛盾的产生，不仅不利于整体能源效率的提升，还会为能源系统带来无法跨越的障碍，在一定程度上减慢了能源低碳化转型的步伐。值得注意的是，能源技术创新活动的开展能够较好地突破能源体系中部分与整体的发展壁垒，能源技术的提高使得非化石能源成本大幅下降，提高了可再生能源的利用效率，进而实现两类能源的平衡发展与协调演化，使得能源转型之路更加顺畅。

总体上，不同于单一能源转型路径，不同能源转型路径的组合对经济增长质量的影响作用也不尽相同。不同的能源转型路径之间会产生耦合作用，进而对经济增长质量发挥出"1+1>2"的作用效果。

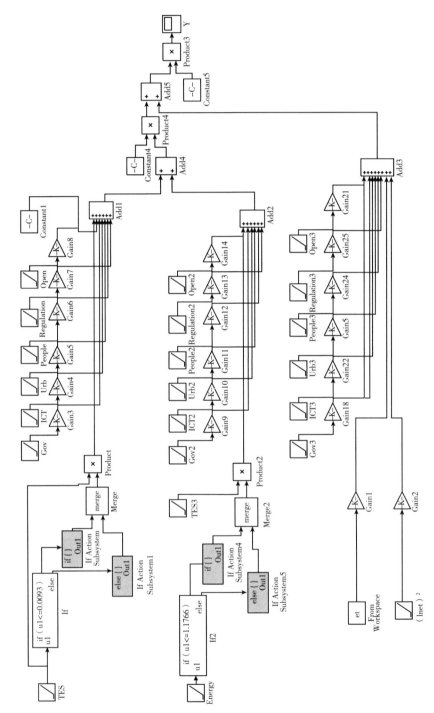

图 6.12 能源结构转型与能源技术转型组合对经济增长质量影响的仿真流程

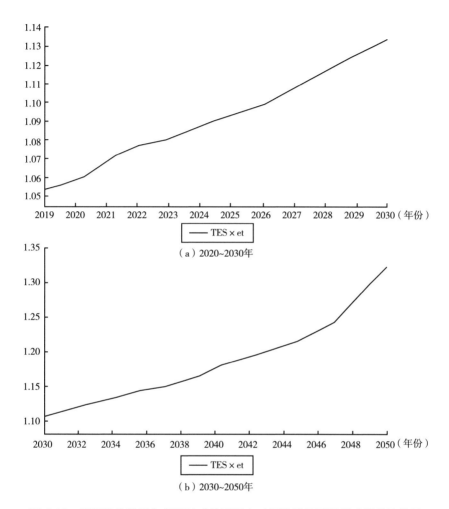

图 6.13　能源结构转型与能源技术转型组合对经济增长质量影响的仿真结果

根据图 6.14 中仿真研究得到的经济增长质量提升情况可以看出，配合能源政策转型的路径搭配能够发挥出更大优势。2020～2030 年中，三类路径组合得到的曲线均呈现出波动上升的趋势。不同曲线的交叠变化与独立走向可以表明，随着时间的推演，基于不同组合的路径选择彰显出更大的优势。从数值来看，2030 年经济增长质量的均值为 1.16，2050 年的均值则达到 1.31，表明路径组合下的经济增长质量水平远高于单一路径的作用效果。

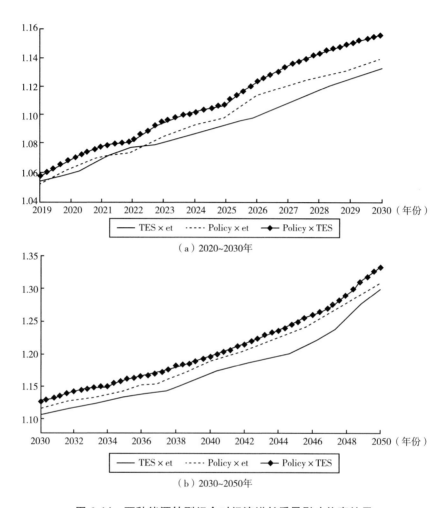

（a）2020~2030年

（b）2030~2050年

图6.14 两种能源转型组合对经济增长质量影响仿真结果

由图6.14可知，首先，在能源转型的路径中，同时注重能源结构转型与能源政策转型对于经济增长质量的提升作用最为强烈，并且会在更长的时间下发挥出稳定的增长趋势。这说明我国以煤为主的能源结构是我国经济发展的桎梏，通过政府政策驱动，辅以非化石能源发展，将在较大程度上推动地区产业转型升级，显著地推动经济增长质量提升。其次，当地区聚焦于能源技术创新与能源政策引领两个方面时，能源转型进程会更为显著地作用于经济增长质量。最后，当地区聚焦于能源结构优化和用能技术进步两个方面时，由于缺乏政策制度的支持，其对于经济增长质量的提升作用相对有限，这说明了我国能源转型发展的特殊性。由于我国市场机制发展并不完全，能源市场存在一定程度的资源错配情况，单纯依靠市场调节，对于促进经济高质量发展的驱动作用有限，只有依靠政府能源政策的有效干预，弥补市场机制的不足，才能够更好地推动能源转型进程，从根本上促进经济增长质量提升。

6.2.3　基于三种能源转型路径的数值仿真

将能源结构转型、能源技术转型与能源政策转型三条能源转型路径纳入同一框架，研究三条路径组合对于经济增长质量影响的共同作用，建立仿真模型，如图 6.15 所示。在模型构建中，控制变量不变，并套用所得到的各类计量模型的系数统计值，将仿真得到的 2019 年和 2030 年各变量的初始值代入方程，本书较为合理地构建了三种能源转型路径组合对经济增长质量影响的 Simulink 仿真模型。

如图 6.16 所示，相比于单一能源转型路径和两类能源转型路径组合，在三种能源转型路径组合的共同影响下，经济增长质量的提升效果最为显著，仿真得到 2050 年的经济增长质量为 1.45，远高于其他情况。并且图 6.16 中经济增长质量数值跨度更大，且随着时间的演进，全国层面的经济增长质量的上升趋势更加陡峭。在仿真研究初期，曲线整体上呈现波动上升的趋势，而在仿真研究后期，曲线呈现出更为平滑的形态，这说明三类能源转型路径的组合作用效果会在更长时间内趋于平稳，进而对经济增长质量提供稳健的动力。

在资源与环境的双重约束下，为实现低碳发展目标，世界各国在能源利用与能源结构调整方面展开了积极行动，如提高能源技术水平、积极推进清洁能源发展、促进国内外能源开发的战略合作、积极倡导民众节约用水用电等，不仅促使高碳产业结构不断优化升级，也在更大程度上扩大了经济增长质量的提升空间。在具体实践中，各国根据发展时期的不同

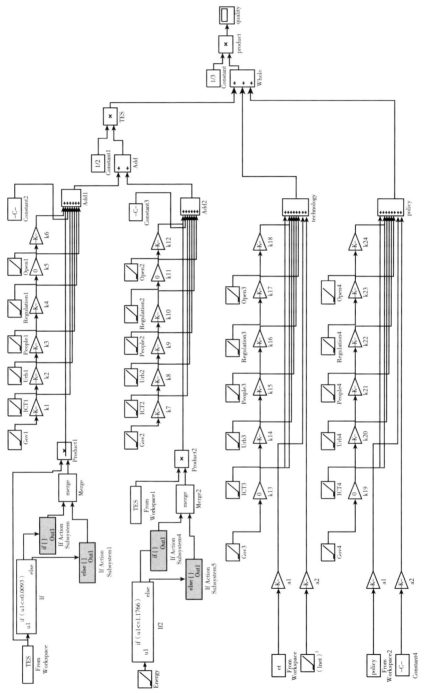

图 6.15 三种能源转型路径组合对经济增长质量影响的仿真流程

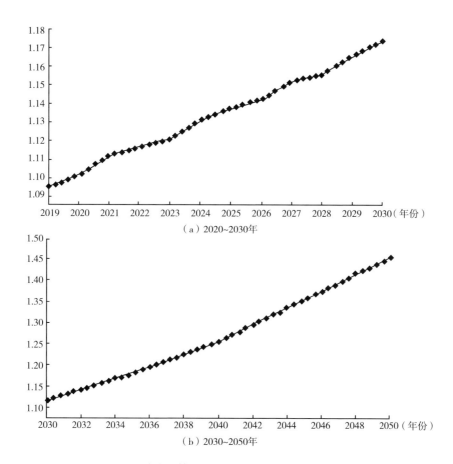

（a）2020~2030年

（b）2030~2050年

图 6.16　三种能源转型组合对经济增长质量影响仿真结果

特点，通过制定动态优化的能源政策，确定各阶段的政策着力点，针对性地加以政策干预，以政策推动能源技术转型活动开展，为能源结构清洁化调整注入原动力。

　　我国已成为全球最大的能源生产国和消费国，形成了多种能源全面发展的能源供给体系。考虑到我国经济发展对化石能源的高度依赖，在未来一段时间内，以煤炭为主的化石能源占主导位置的能源结构仍旧无法改变。在我国全面进入新发展阶段，构建新发展格局之际，迫切需要加快能源革命和能源转型步伐。但是，能源问题历来十分复杂，涉及安全保障、公平可及、生态保护等方方面面，必须坚持系统观念，统筹考虑和部署。

在科技创新的驱动下，以能源政策引领，遵循能源结构的调整规律，是能源转型最为有效的路径选择。

6.3 能源转型对经济增长质量影响的仿真研究结果讨论

本书的仿真分析结果得出，我国未来经济增长质量的发展趋势与能源转型进程具有紧密的联系。能源结构转型、能源技术转型以及能源政策转型三条能源转型路径均对经济增长质量的提升具有重要意义。此外，在三种能源转型路径的不同组合与搭配的作用下，能源转型会对经济增长质量发挥出不尽相同的作用效果，也为我国具备不同基础条件与经济发展水平的地区未来的能源转型的主要方向提供借鉴意义。

首先，就单一的能源转型路径所发挥的作用形式来看，以政府引导的能源政策转型统领着区域能源转型的整个过程，能源结构转型则在经济增长质量的攀升中扮演着关键的角色，而以创新驱动为代表的能源技术转型活动是落实到企业层面的重要途径；就单一的能源转型路径进行仿真分析得到的作用效果来看，能源政策转型在未来的实施效果很可能最为强烈，与其他两类能源转型途径拉开了较大的距离，并且随着时间的推移，能源政策转型所带来的总体效益更加显著。此外，2020~2030年，能源技术转型与能源结构转型所发挥的作用效果将不分伯仲；而2030~2050年，能源结构转型将凸显出其优势。这表明，虽然能源技术转型是驱动能源转型的原动力，但是没有政策引导、结构优化目标的设置，盲目的能源技术转型会降低各类资源的配置效率，产生不可避免的机会成本，进而对经济增长质量产生非预期的影响。

其次，就两类能源转型路径的搭配而言，本章得到的结论与单一路径结果下的组合仿真研究相一致，即能源政策转型与能源结构转型的组合最为有效，而相比于能源政策转型与能源技术转型的组合，仅仅注重能源技术转型与能源结构转型则会产生最弱的作用效果。同时，两类能源转型途径的组合在长时间内仿真得到的经济增长质量的增长趋势更为陡峭。目前，我国区域发展不平衡问题仍旧较为突出，在我国很多地区，由于基础条件与经济发展水平等因素的限制，三类能源转型的路径很难做到并驾齐驱，因此，基于自身发展特点着重采取不同的能源转型措施，才是对区域协调发展最为切实有效的方式。例如，在山西等能源依赖程度较高的地区，应更为重视能源结构转型与能源政策转型路径组合，以清洁化生产、低碳规制等能源政策引领能源结构的渐进式变革；而在北京、上海、深圳等高技术高经济发展水平地区，应更加注重能源技术转型与能源政策转型，通过以技术支持、财政补贴等能源政策的引领，促使区域能源技术转型活动有效开展，进而带动邻近地区整体的能源技术水平提升，实现地区能源转型的协同演变。

最后，在经过逐步探讨与甄别后，本书得出，在三条能源转型路径组合作用的情况下，未来的经济增长质量提高水平将呈现出最为稳健的向好趋势。基于能源转型促进经济增长质量的提高，既离不开体制机制的改革，也离不开能源消费结构的调整与能源技术的进步。我国能源资源具有典型的"富煤少油少气"特征，为实现经济增长质量的有效攀升，应着力完善我国化石能源与清洁能源的资源互补、高效利用的能源体系。为保证能源的供需平衡，不仅需要通过技术创新适度地开发清洁能源，也需要对现有化石能源做低碳化处理，提高能源的利用效率。"十四五"时期及今后更长一个时期，我国能源转型发展的阻碍将会在三条能源转型路径的驱动下被逐一攻破，从而实现能源安全、能源公平、能源生态的统筹优化问题，实现切实的经济增长质量攀升。

6.4　本章小结

基于前面章节中能源结构转型、能源技术转型与能源政策转型对于经济增长质量的影响研究，本章利用规划建模与仿真方法对 2020～2030 年与 2030～2050 年，不同能源转型路径组合对全国层面的经济增长质量提升情况进行仿真研究，逐步探讨、甄别出更为有效的能源转型路径组合方式，为具备不同发展条件的地区提供能源转型发展方向与借鉴。

第 7 章

基于能源转型促进经济增长质量提升的对策研究

基于能源转型对经济增长质量影响研究的结论，本章分别从能源结构优化、能源技术进步和能源政策保障三个方面提出相应的对策，为地区能源转型发展提供参考，为政府部门制定能源发展相关政策提供依据，进而完善现代能源体系建设，促进我国经济增长质量提升。

7.1 基于能源结构优化促进经济增长质量提升的对策

能源结构优化与经济增长质量之间存在复杂的非线性关系。基于能源结构转型以及能源强度的调节作用，能源结构优化对经济增长质量的影响呈现出明显的区域异质特点。基于能源结构优化，本书提供以下四条促进经济增长质量提升的对策。

7.1.1 构建能源结构，优化政府、企业、社会综合互动机制

能源结构优化并非一蹴而就，而是一个贯穿整个社会生产、生活、消费

的系统工程。随着我国市场化程度不断提高，能源行业需要挖掘新的发展路径，以促进低碳环境与经济收益的双赢。通过构建能源结构以优化政府、企业、社会综合互动机制，可以从根本上利用经济与政策手段实现能源市场运行体制改革，推动清洁能源引领的经济增长质量的有效提升。在能源市场所涉及的三大主体中，各主体均扮演着不同的角色，形成三者之间相互制约、相互影响，协同合作的互动机制。为了使其发挥出的更大的经济环境总效益，具体而言，需要政府部门、能源企业、社会公众的通力合作。

首先，作为指导主体的政府部门应充分发挥出能源管理、宏观调控、监督检查等强有力的战略规划作用，从宏观的角度施以灵活搭配的政策手段、经济手段与法律手段，指导其他主体开展各类能源转型活动，进而优化能源结构、提高能源效率。

其次，作为主导的能源企业应尽最大可能进行生产清洁化转型，以现代企业制度为基础建立合理的环境产权制度、碳排放交易制度等，提高企业竞争力，并在政府政策的引导下，加速实现高技术、高效率、低消耗的新型工业化发展。

最后，作为践行主体的社会公众，应该自主提高绿色消费意识，如绿色出行、低碳消费等消费方式，从需求端促进环境友好型产品和服务的供给，推动能源行业的清洁化发展，加快社会整体的能源结构优化进程。

7.1.2 对煤炭等传统能源实行总量控制

虽然推动能源结构清洁化转型，会促使非化石能源消费量不断提升，但是在我国能源总量中，煤炭等化石能源仍旧占据相当大的比重，在未来一段时间内，以煤炭为主导的能源结构不会改变。我国经济发展对于煤炭等传统能源具有极大的依赖性，而在全球生态优化与追求集约型经济增长模式的背景下，控制以煤炭为主的传统能源消费对于实现经济、资源与环境系统协调发展具有重要的意义。实际上，对于资源总量的控制，可以视为一种动态的供需平衡关系，不仅需要从能源需求角度进行有力控制，更加需要从供给端进行传统能源与清洁能源的互补替代，从而在真正意义上实现对于我国煤炭等传统能源的总量控制。

基于能源需求角度，根据《能源生产和消费革命战略（2016—2030）》，我国推动能源消费革命的着力点主要有两点：一是以各种节能手段控制能源消费总量，二是通过能源结构调整实现清洁低碳的目标，即实现清洁能源替代。对于煤炭等资源的使用与消耗，一方面，应根据地区经济发展的实际情况与消费现状制定科学合理的直接调控目标，对主要用煤行业进行约束，并在经济发达地区与重点城市中开展"煤改气"试点工作，逐步淘汰燃煤小锅炉等高煤耗设备，进而实现城市向农村的政策转移，实现城乡互补、城乡结合的"去煤化"格局。另一方面，以产业结构转型升级为突破点，实现传统产业高端化、动能培育新兴化、产业结构轻型化的"三化"变迁，从而减轻工业化与城市化进程中化石能源过度消耗引致的环境污染与资源耗竭。

基于能源供给角度，《煤炭工业"十四五"发展规划与战略》指出，在能源变革中需要重点关注的问题之一是煤炭消费总量问题，即要摸清资源家底、消费总量、建设规模。在煤炭等资源的生产与开发利用过程中，需要在科学决算的基础上拟订合理的煤炭开采以及利用规模计划，以"节约每千克"煤炭资源为目标。此外，打通空间壁垒，实现煤炭供应基地的多方合作，提高煤炭行业集中度，对于提高资源利用效率、改善资源错配具有重要意义。在地理变迁与历史条件的影响下，我国煤炭行业呈现出"多、乱、散、小"的分布态势，并未形成协同集中供给的高效模式，因此形成核心煤炭供给企业带领的集中煤炭产业发展格局，能够为我国煤炭总量控制进程提供有效的中观基础。

7.1.3　加快推进非化石能源发展步伐

我国能源体系具有高碳、高煤的特征。近几年，虽然清洁能源呈现出良好的发展趋势，但是化石能源的消费量仍旧占据了能源消费总量的绝大份额。为加快风能、太阳能、海洋能等非化石能源的发展步伐，应做好三方面的"完善"工作，即完善市场机制建设与关键能源技术的创新体系构建，完善能源结构布局与新能源生产与运输的供需环节，完善能源电网基础平台作用，为可再生能源消纳与利用提供有益的条件。

一方面，我国各地区需要按照输出与就地消纳利用并重、集中式与分布式发展并举的原则，加快发展可再生能源。针对太阳能发电，应稳步推进光伏产业发展，完善相关的基础设施建设，同时注重能源的输送与消纳工作，并构建工业园区，有序引领太阳能发电并网工程，进而发挥出光伏发电的示范效应，引领各区域实现太阳能的综合利用；在水电能源方面，应完善多种类型的水电基地建设，不仅应加大大型水电站建设的资金支持，而且应注重针对区域条件推荐中小电站的建设，统筹开展抽水蓄能电站规划，实现水资源利用效率的总体提高。

另一方面，需要逐步建立起清洁能源消纳的综合监管体系，重点从发电企业、电网企业等能源消纳主体以及电力交易机构、政府部门等能源疏通主体入手，精准落实清洁能源消纳政策，明确各主体对于可再生能源电力消纳的责任权重，审查清洁能源消纳目标的实际完成情况，及时发现新能源利用与调度中的各类问题，从源头进行优化处理，提高用能效率，进一步推动清洁能源的发展。同时，根据各地区实际情况，调整清洁能源消纳目标，制定奖惩分明的鼓励与惩罚措施，推动各主体积极实现清洁能源的调度优化与消纳平衡。

7.1.4　深化电力市场改革

电力市场改革是实现电力资源优化配置的关键举措，对于推动能源结构调整和实现新能源消纳等方面具有重要意义。根据我国电力发展情况，本书认为应该着重从以下三个方面进行电力市场化改革。

首先，培育多元化的市场主体。现代市场经济的主要特征是市场主体产权多元化，为了加强电力市场建设，应改变原有电力市场主体产权结构单一的状况，加强电网市场的无歧视开放，构建混合所有或私有市场主体的电力市场。

其次，打破电力市场省间壁垒。由于我国电力市场上普遍存在"分省平衡""地方保护"等省际壁垒的问题，使得我国电力资源存在错配现象，导致电力市场难以实现有效的开放和竞争。政府应在协调地区经济差异和发展目标的基础上，鼓励各省份积极参与市场竞争，实现省域内和省域间的电力市场与经济增长的均衡发展。

最后，确定电力市场价格机制。电力市场建设的核心问题在于确定价格机制。"十三五"规划明确提出推进电价改革，构建公平有序的电力市场。政府应对电力价格体系进行系统改革、调控和监管，从根本上保证价格公平性、合理性和有效性。同时，政府应充分利用市场产生的价格信号，避免由于人为操纵等非竞争因素导致市场机制失效；同时，通过完善市场监督机制，加强发电和售电各类主体交易秩序，切实保障新电改方案的有效落地。

7.2　基于能源技术进步促进经济增长质量提升的对策

能源技术转型对于经济增长质量发挥着重要的作用，不仅表现在区域自身发展中，更表现在空间上的 U 型空间溢出作用，这表明地区能源技术发展水平决定着其发挥的作用方向。基于提高能源技术水平的角度，本节从发展低碳技术和节能减排技术、提高能源效率、积极推进能源技术市场发展、加强与能源技术先进国家的交流合作四个方面，提出有关推动经济增长质量提升的对策。

7.2.1　发展低碳技术和节能减排技术

能源技术转型的开展为提高经济增长质量提供了原动力。根据前面的研究，目前，我国各区域能源技术创新水平存在较大差异，以低碳技术创新与节能减排技术创新为主的能源技术转型对于经济增长质量的影响呈现出 U 型趋势，为了充分发挥能源技术转型的积极作用，促进与保障低碳技术与节能减排技术水平的稳步提升是协同实现经济效益、资源效益与环境效益的重要抓手。技术创新离不开资本的投入与市场的有效运行，本节提出如下三点建议。

首先，提供充足的能源技术资金补贴，加大政府对于有关低碳能源技术的财政预算。我国当前能源技术转型活动存在市场失灵和资源错配等问题，政府的直接投资和规制必不可少。通过直接投资和税收项目的推进，引导企业作为主体进行能源技术转型，一定程度上有利于缓解企业的资金压力，促进创新补偿效应发挥出积极作用。政府应采取积极的规制措施，将低碳技术项目作为重点投资项目，设立地方及国家清洁能源技术基金，为高质量的能源技术创新企业提供充足的资金保障，从而有力地推广新能源等技术的应用与发展。

其次，重视能源产业创新系统建设，培养新能源技术创新人才队伍。由于我国能源行业的相关职责被分散至自然资源部、国家发展和改革委员会、生态环境部、水利部、科技部等相关部门，缺乏统一的新能源管理机构，对能源产业发展的统筹规划工作存在不足，国家需要重视能源产业创新系统建设，从节约煤炭等资源的使用，减少污染排放与新能源的利用等多角度引导企业进行能源技术转型活动。此外，创新系统离不开知识要素的积累和有效流动，提高能源技术创新的根本在于高端人力资本，这就需要培养新能源技术创新人才队伍，构建高知识水平企业家与高端人才市场，最大限度发挥科研人员、高知识人才的技术创新带动作用，进而通过以企业为核心的技术引领带动能源技术创新系统的进步与完善。

最后，建立完善的碳排放监管和考核机制，为低碳技术与节能减排技术创新营造良好的市场环境。以碳排放监测、报告与核查体系（MRV）为基础，建立起以我国"碳中和"为目标、适应于我国当前能源转型进程的碳交易标准体系与责任制度，为企业进行能源技术创新活动创造安全、平稳、顺通的市场环境。

7.2.2　提高能源效率

以技术进步促进能源效率的提升是当前能源发展领域需要切实关注的问题，为了提高能源效率，可以从以下几个方面着手：

首先，促使区域能源效率的协同提高。聚焦不同区域的资源禀赋情况，政府应该合理地引导要素资源配置，在允许部分地区掌握前沿能源技术的前提下，促进其他省份协同进步，只有在能源技术进步的方向与要素配置组合相适应的情况下，才能最大限度实现区域能源效率的稳步提升。

其次，应着重提高我国整体以及区域能源节约型技术水平，通过发展节能减排技术，革新生产工艺，有利于降低原材料消耗，节约能源。只有能源节约型技术水平达到一定高度时，其对于能源效率的作用才能发挥出显著的促进作用。

最后，基于投入与产出视角，政府应加大对企业进行能源技术创新活动的资金补贴与税收减免优惠，降低企业大量的资本投入压力。在科技成果产出中，应疏通低碳能源技术创新转化机制，使能源技术创新成果以更高的效率与更快的速度转化为生产力，进而依靠科技创新提高能源效率。

7.2.3　积极推进能源技术市场发展

能源技术创新通过空间直接效应与溢出效应对经济增长质量发挥着重要的影响，成熟的能源技术水平不仅可以促进区域内部绿色经济的向好发展，还会通过技术扩散等途径带动邻近省份经济增长质量水平协同提高。为支撑能源技术水平攀升，应加快提升能源技术市场运行效率，积极推进能源技术市场发展。

一方面，鼓励能源技术研发与供给。注重能源技术的研发效率，培育可再生能源供给能力。充分发挥"产学研"合作创新优势，打通能源企业与能源研究院所以及相关领域高校的沟通壁垒，促进"产学研"三方开展能源技术领域的合作创新，创造具有良好市场前景的能源科技成果。这就要求高等院校以及科研院所加强自身原始能源技术创新能力，注重专业人才培养，开展能源经济、能源工业等相关学科的交叉互动，同时能源企业需紧跟行业动态，及时识别出新能源产业增长关键点，加大技术投入，进而形成"产学研"能源技术创新的多赢合作模式。此外，为促进能源技术的研发与成果转化，迫切需要强化能源技术研发、推广、转化、应用等多个环节的知识产权保护制度以及专利申请优先审查制度，为高质高效的能源技术研发与供给营造顺畅的市场环境。

另一方面，完善能源技术交易市场。在能源技术交易市场中，应加强政府的管理效率与服务水平，即在吸引资本介入的同时提高政府技术市场的服务水平，建立专门开展服务工作的技术交易服务组织，为能源技术供需双方提供交易过程中具有公共物品属性的科技服务。同时，在能源技术市场中，信息互通在一定程度上决定着能源技术供给与需求的动态交易平衡，因此，应通过互联网等手段，提高有关能源技术成果转化与利用的信息流通，从供给端和需求端提高能源技术交易市场的运行效率。

7.2.4 加强与能源技术先进国家的交流合作

德国、日本等发达国家对于清洁能源技术的积累丰富，通过经济合作和交流，发达国家的前沿技术溢出有助于促进我国能源技术进步。同时，对于能源技术的吸收作用也非常关键，应加强区域间的能源技术交流，促进前沿能源技术知识在区域间合理流动，实现区域合作共赢。

一方面，加强与拥有前沿清洁能源技术的国家开展经济交流活动，通过外商直接投资等方式，引导境外企业向能源产业进行投资，可以有效地引进前沿技术，提高能源技术创新水平，缩小与发达国家的能源技术差距。对于地方政府而言，需要优化外商投资环境，有效地规避投资交流过程中可能出现的知识产权纠纷、不正当竞争等问题，提升与之配套的公共服务水平，最大化外商直接投资的能源技术溢出水平。同时，地方政府还应该根据企业发展目标和技术水平，适时地提高技术准入门槛，保证外资企业技术转移的先进性和前沿性。

另一方面，根据实证研究结论，能源技术转型具有显著的空间溢出效应，即各省份的能源技术进步可以带动邻近省份能源技术水平的提高。因此，地区间也应加强技术交流与合作，充分利用能源技术创新的正向空间溢出效应，推动区域内外部的能源技术创新。地方政府应该在提升区域内部能源技术创新能力的同时，通过区域间开放式创新等方式，有效促进技术承接地吸收和转化前沿能源技术成果，从而以更加高效的方式实现能源技术创新，进而促进经济增长质量提升。

7.3　基于能源政策保障促进经济增长质量提升的对策

清洁能源开发政策、能源节约政策与新能源产业政策对经济增长质量影响的政策效力与政策时效存在一定差异，但总体上能源政策的颁布有助于促进经济增长质量提升，能源政策组合对于经济增长质量的影响呈现出最为稳健的向好趋势。基于完善能源制度建设的角度，本节从深化政府能源管理体系建设、促进能源政策的长效性发展、加快能源政策体系多元化建设、加强能源政策组合运用以及完善新能源跨省域跨地区交易制度五个方面，提出有关推动经济增长质量提升的对策。

7.3.1　深化政府能源管理体系建设

我国能源发展中仍然存在政府职能"越位"问题，能源企业在很大程度上受制于多头领导和多方监管，政府的过度干预阻断了市场供求信号，干扰了市场机制有效发挥资源配置的基础性作用。合理的能源管理体制有助于明晰政企界限，促进经济发展与节能降耗、生态环境保护相协调，有助于从根本上促进经济增长质量提升。为了进一步深化集中、统一、高效的能源管理体系建设，需要在政策层面上对能源发展给予必要的支持。

一方面，全过程统筹能源政策规划管理。在能源政策的制定过程中，应充分考虑民主决策，为政策实施提供基础保障；在能源政策的实施过程中，按照政策的具体标准，鼓励非政府组织参与能源政策的监督工作，并加强申述和行政复议制度建设，确保政策的实施效力。

另一方面，加强与能源政策相匹配的配套措施管理。通过调整能源资源定价机制，推进能源资源价格改革，有助于营造公平开放的市场竞争环境，使政府管理与市场机制有效配合。同时，需要培养公民对能源政策的认知能力，提高公民节能意识，引导公民树立正确的能源消费观念，提高能源政策的实施效率。

7.3.2 促进能源政策的长效性发展

目前我国省际区域内部各类能源政策均具有积极的政策效力，然而其政策的时效性却存在显著差别。基于能源转型本身周期长、投入大等的特点，制定稳定且长效的能源政策制度尤为重要。

首先，为制定整体有效且长期稳定的能源政策，应同时考虑政策自身的严谨性与倾向性。所谓政策的严谨性，即有关能源政策的制定需要企业、政府以及能源产业发展中各类主体参与者的协商共识，并保证政策制定的震慑力与执行力。而所谓政策的倾向性，则要求能源政策的制定更加关注政策时效性更强的能源政策种类，例如致力于新能源产业发展的新能源产业政策，即使短期并未发挥出立竿见影的作用，在长期中却能够产生更大的经济效益，有助于从根本上促进经济增长质量提升。

其次，能源政策的长效性离不开长期的资金支撑，需要建立更加完善的能源发展资金支持机制，如碳税以及可再生能源电价附加、电力配额、全体分摊等，以削弱化石能源补贴，从而保证清洁能源资金链的稳定供给和能源转型投入的长效增长机制。

最后，应加大能源政策渗透程度，以能源政策全面引领整体能源产业链运行。与发达国家的全方位能源政策布局相比，我国的能源政策主要聚焦于生产与建造环节，而有关销售、推广以及用户服务等最终环节的能源政策则十分稀缺。因此，为保证能源政策的长期高效推进，有必要从多角度、多方位、多环节制定与实施切实有效的能源政策。

7.3.3　加快能源政策体系多元化建设

我国目前的能源政策主要以指令性以及经济激励政策为主，能源政策的种类较为单一，缺乏系统的多元的能源政策体系是导致能源政策实施效果无法长期向好的主要原因。本书认为加快能源政策体系多元化建设可以从三个方面入手：能源供给政策多元化、能源政策主体产业多元化以及能源创新政策主体多元化。

首先，能源供给政策多元化，即要求能源政策聚焦的能源种类多样化。新中国成立以来，针对煤炭等传统化石能源的开采、利用以及节约的能源政策始终占据了我国能源政策的较大部分，在此基础上，应将能源政策重心逐渐转移到致力于清洁能源开发利用的清洁能源开发政策，以及促进新能源产业发展的新能源产业政策，形成多元化能源供给政策体系，更大程度地推进我国经济增长质量的提升。

其次，能源政策产业主体多元化，即要求能源政策制定对象的主体产业不应仅仅包含工业等生产制造业，也需要渗透到第三产业的能源服务管理中，例如能源合同管理服务业，进而扩大能源政策的涵盖范围，发挥出更加全面的作用效果。

最后，能源创新政策主体多元化，即制定有关鼓励社会各群体进行能源创新活动的能源政策，如资金流疏散、投资激励等，打破现有以国有企业为核心的单一创新体系，从而汲取全社会群体知识成果，形成契合市场需求、多元协同的能源技术创新政策体系。

7.3.4 加强能源政策组合运用

为发挥出不同种类能源政策组合运用下"1 + 1 > 2"的经济效益，应在能源政策的实施中将不同种类、不同倾向的能源政策进行组合运用，并根据区域自身基础条件合理搭配。具体而言，我国能源政策大多是具有指令性的，这类政策由中央决定，并且高层次政策以及相关的法制法规已经逐渐完善，而以市场导向型的能源政策则较少，如电力行业所率先启动的碳排放权交易政策、用能权交易政策。在未来的较长时间内，我国应加快指令型能源政策与市场导向型能源政策的搭配使用，从供给端和需求端同步进行政策的规划与实施，才能在最大程度上产生政策经济红利，促进我国经济增长质量的快速提升。此外，政府应合理搭配能源政策工具，即组合运用清洁能源开发政策、能源节约政策和新能源产业政策等政策工具，利用绿色专利制度、研发基础设施、人才培养等降低创新成本，同时配以贷款担保、税收减免、绿色电力等政策提高创新收益，从投入端和需求端对能源市场施加影响，提高能源资源配置效率，进而提升区域经济增长质量水平。

7.3.5 完善新能源跨省域跨地区交易制度

当前我国新能源需求与供给处于非平衡状态，区域可再生能源禀赋条件以及开发程度均存在较大差异。在"碳达峰"与"碳中和"背景下，我国能源政策应同时从新能源供给端与需求端进行调节，建立完善的新能源跨省域跨地区交易制度，实现全国范围内可再生能源的供需平衡，进而优化绿色电力配置资源，为经济增长质量的提高注入持续稳定的动力。

一方面，应积极组织开展可再生能源跨省域交易，形成区域能源方面的合作模式，构建良好的新能源现货交易市场环境。在新能源地理布局上，我国存在明显的空间差异性，完善新能源跨省域交易制度不仅可以鼓励区域可再生能源的开发利用，解决新能源富足地区能源消纳问题，还可以满足能源劣势地区的资源需求，实现省际经济效益与资源效益的协同提高。例如，在我国长江流域地区，复杂多样的能源禀赋与地区资源分布格局处于不均衡状态，在此类区域中，应着重加大能源生产与运输的政策力度支持；而在甘肃省、云南省等资源丰富的经济劣势地区，则可以通过清洁能源的跨省交易实现经济总量的攀升，提高本地区经济收益。

另一方面，应加快探索清洁能源电力市场化交易新机制，鼓励新能源企业参与售电市场交易。在交易市场中，应制定并出台由各个利益相关者参与的具有吸引力的价格机制。可以借鉴浙江省输配电价结算模式等制度，实现清洁能源发电侧与销售侧的完全分离，还原电力商品属性，加速清洁能源电力的省际交易与流通，实现全国新能源稳定持续的供需平衡状态。

7.4　本章小结

本章根据前面章节的研究结论，结合我国能源发展和经济可持续增长的目标要求及现存问题，分别从能源结构优化、能源技术进步、能源政策保障三个方面提出基于能源转型的促进经济增长质量提升的对策。首先，提出了基于能源结构优化方面的对策，包括：构建能源结构以优化政府、企业、社会综合互动机制；对煤炭等传统能源实行总量控制；加快推进非化石能源发展步伐；深化电力市场改革。其次，提出了基于能源技术进步方面的对策，包括发展低碳技术和节能减排技术、提高能源效率、积极推进能源技术市场发展、加强与能源技术先进国家的交流合作等四个方面的内容。最后，提出了基于能源政策保障方面的对策，包括深化政府能源管理体系建设、促进能源政策的长效性发展、加快能源政策体系多元化建设、加强能源政策组合运用、完善新能源跨省域跨地区交易制度等五个方面的内容。

第 *8* 章

本书结论与不足

8.1　本书结论

根据当前"碳达峰"和"碳中和"的目标要求，在国内社会主要矛盾变化、经济发展方式亟待转型的背景下，本书梳理和总结了国内外关于能源转型、经济增长质量等相关研究，并基于扎根理论分析方法探究了我国能源转型的具体路径，以我国 30 个省份为研究样本，明晰了能源转型对地区经济增长质量的影响。按照"发现问题—客观现象剖析—理论分析和实证检验—解决问题"的研究思路，运用门槛回归分析、空间计量经济学分析、面板数据模型等多种实证分析方法，立足于我国能源转型的现实情况和经济高质量发展的客观要求，探究能源转型与经济增长质量提升的影响作用。具体而言，结合国内外学者的现有研究，本书界定了能源转型和经济增长质量的概念；基于扎根理论分析方法，提出我国能源转型的三条具体路径，即能源结构转型、能源技术转型和能源政策转型，全方位深入剖析不同路径对经济增长质量的影响；并对能源转型驱动经济增长质量提升的动态影响进行仿真研究；最终有针对性地提出了基于能源转型促进经济增长质量提升的对策和建议。本书研究得出的主要结论如下：

第一，本书在对能源转型概念进行界定的基础上，运用扎根理论方法，探究了我国能源转型具体路径，即能源结构转型、能源技术转型，以及能源政策转型。其中，能源结构转型主要表现为非化石能源消费在一次能源消费中的占比不断提高；能源技术转型主要包括新能源应用技术创新和传统能源节能减排技术创新两方面内容；能源政策转型则主要包括旨在加速清洁能源开发利用的清洁能源开发政策，旨在促进能源节约使用的能源节约政策，以及旨在推动新能源产业发展的新能源产业政策。

第二，本书基于能源结构转型和能源强度异质性特征视角，明晰了能源结构转型对经济增长质量的影响存在深层次的门槛特征规律和差异。研究发现：（1）能源结构转型对经济增长质量的影响并不是单纯的促进（或抑制）的线性关系，而是存在显著的门槛特征；（2）能源结构转型在对经济增长质量的影响中会受到能源结构转型和能源强度的调节作用，并呈现出显著的非线性特征，在能源结构转型水平高于门槛值和能源强度低于门槛值时，能源结构转型可以有效地促进经济增长质量提升；（3）通过增加变量、替换表征变量和调整样本数量等多种方法，对能源结构转型对经济增长质量的实证分析进行稳健性检验，验证了研究结论的可靠性。

第三，本书从空间层面研究能源技术转型对经济增长质量的影响，利用空间计量经济学分析方法对样本数据进行实证分析。研究发现：（1）能源技术转型与经济增长质量均呈现出显著的正向空间相关性，并呈现出"高 - 高"与"低 - 低"型集聚特征；（2）能源技术转型对于经济增长质量存在 U 型的空间效应，空间溢出效应弹性系数大于直接效应弹性系数，且长期影响更为显著；（3）通过增加变量、替换表征变量和调整检验等多种方法，对能源技术转型对经济增长质量的空间效应进行稳健性检验，验证了研究结论的可靠性。

第四，本书研究了能源政策转型对经济增长质量的影响。通过面板数据模型对相关研究数据和研究假设进行实证检验，获得如下结论：（1）在政策效力方面，相较于旨在推动清洁能源开发利用的清洁能源开发政策和旨在促进新能源产业发展的新能源产业政策，旨在加强能源节约使用的能源节约政策具有更大的政策效力；（2）在政策时效性方面，清洁能源开发政策和能源节约政策具有短期的政策效果，但是持续性不强，而新能源产业政策虽然在短期内无法取得立竿见影的效果，但在长时期内有助于从根本上促进经济增长质量提升；（3）利用投影寻踪模型对三类能源政策进行降维，证实相较于单一类型的能源政策，能源政策组合对经济增长质量的政策效力和政策时效性均更强，且通过增加变量和替换表征变量等多种方法，研究结论均通过了稳健性检验，验证了研究结论的可靠性。

第五，本书基于能源结构转型、能源技术转型、能源政策转型三条路径对经济增长质量的差异化作用，利用规划建模与仿真方法对 2020～2030 年与 2030～2050 年不同路径的组合对经济增长质量增长影响的动态效应进行仿真研究。结果表明：在三条路径的共同作用下，能源转型能够有效地促进经济增长质量提升，且在较长时间内，其促进作用更加显著。

第六，基于以上研究结论，本书提出了相关对策。首先，提出了基于能源结构优化方面的对策，包括：构建能源结构以优化政府、企业、社会综合互动机制；对煤炭等传统能源实行总量控制；加快推进非化石能源发展步伐；深化电力市场改革。其次，提出了基于能源技术进步方面的对策，包括发展低碳技术和节能减排技术、提高能源效率、积极推进能源技术市场发展、加强与能源技术先进国家的交流合作等四个方面。最后，提出了基于能源政策保障方面的对策，包括深化政府能源管理体系建设、促进能源政策的长效性发展、加快能源政策体系多元化建设、加强能源政策组合运用、完善新能源跨省域跨地区交易制度等五个方面。

8.2 本书的不足

受限于个人能力与研究时间，本书在研究过程中，还存在诸多不足之处：

（1）在文献综述部分，尽管本书运用 Vosviewer 等文献计量可视化软件对有关能源转型与经济增长质量的国内外文献进行分析，但对于卷帙浩繁的相关文献，无法一一进行充分的人工分析，存在遗漏部分文献的可能。

（2）本书立足于我国能源发展的现实情况，基于文献研究、理论解析和扎根理论分析方法，将能源转型路径划分为旨在推动能源结构调整的能源结构转型、旨在促进用能技术进步的能源技术转型和旨在提供制度保障的能源政策转型三种主要路径，进而确定本书的能源转型研究范围。由于不同国家、不同地区、不同发展阶段的能源转型情况存在更为具体的差别，一定程度上未能将更为全面的转型路径及其之间的关系考虑在内，这将是未来进一步研究的重点内容。

（3）经济增长质量提升是一个复杂问题，实际经济增长率的变化涉及众多影响因素，尤其是突发公共事件（或者不可抗因素）将对经济发展产生较大冲击。本书的仿真研究只是基于研究结论，考虑了能源转型对经济增长质量影响的动态变化，并不能完全代表实际情况。同时，经济增长质量是一种规范性的价值判断，在不同的时代背景下，被赋予了不同的含义，未来的研究可以尝试进行更加细致的阶段性研究。

附录 A

经济增长质量测算方法选择

根据既往研究与本书对于经济增长质量的定义，本书选取全要素生产率对区域经济增长质量进行指标量化。目前，有关测度全要素生产率的方法主要有两类，即参数法与非参数法，其中参数法主要包含了索洛残差法和随机前沿方法，非参数法则主要涵盖数据包络分析法。下面对各方法进行简要介绍。

1. 索洛残差法

索洛残差法，也称为 C－D 生产函数法，是将生产函数中各变量进行变形，形成仅包含各项要素增长率的等式，进而将公式中残差项作为全要素生产率。不同学者通过对残差项的估算得到不同区域的 TFP，并进一步探究其具体的影响因素。例如，叶裕民（2002）以全国数据为样本，通过测度与研究，得出经济结构的变动是影响全要素生产率的重要原因[333]。也有学者在索洛残差法的基础上，得出经济增长过程中存在经济效率的提升，并印证了我国经济转型的事实。

然而，索洛残差法的应用存在约束性较高的假设前提，如规模报酬恒定、完全竞争市场等。在实际经济生产中，大量外生因素的存在往往难以满足上述条件，使得索洛残差法的应用所测度的指标很可能存在着较大的偏误性。同时，在估计要素的产出弹性时出现残差将导致结果的准确性问题，存在明显缺陷[334]。另外，基于传统生产函数，在索洛残差法下，技术进步往往是剔除了资本与劳动力后各项因素影响的综合结果，并不能够准确地反映出目前我国所处的复杂多变的经济环境。

2. 随机前沿方法

随机前沿方法通过将误差项分为两部分：第一部分 $V \sim N(0, \sigma_V^2)$，用来反映统计噪声（误差），第二部分是 $U \geq 0$，用来反映自身可控制但未达到最优的部分，将实际产出分为生产函数、随机扰动和技术无效率三部分，即生产单元与生产前沿的距离是由自身的效率损失与随机因素共同造成的。同时又能定量分析相关因素对个体效率差异的具体影响，给出投入要素之间的结构关系。部分学者认为，利用以随机前沿方法为主的参数方法测算生产率，测算结果更接近于现实，因此，可以选择基于柯布-道格拉斯函数或生产函数等函数，利用面板数据回归、工具变量法等方法构建待估函数，进而测算全要素生产率指数[199]。

但是，随机前沿方法也具有一定的不足。随机前沿方法是在预先设定的生产函数基础上对全要素生产率进行测度，生产函数的具体形式以及产出缺口会导致估算误差的存在[198]。另外，随机前沿方法只能处理单一产出问题，对于传统全要素生产率的测度有效。而本书所探讨的全要素生产率是在节能减排约束条件下的，需要将能源因素和环境因素考虑在内，而随机前沿方法无法实现多产出的综合测度分析。

3. 数据包络分析法

1978 年，运筹学家查恩斯（Charnes）等人发表"Measuring the efficiency of decision making units"，标志着数据包络分析方法的诞生。数据包络分析法（data envelopment analysis，DEA）是目前广泛使用的一种非参数方法，它通过一系列线性规划求解测度投入与产出的比值，得到目标效率值。该方法既可以用于宏观层面全要素生产率计算，也可以用于微观层面。此外，根据规模报酬变化的前提假设、径向与非径向角度、基础模型与超效率模型等多种条件，可以将 DEA 划分为多种模型，并且不同种类的 DEA 模型适用条件与前沿面的构建均存在一定的差异。最早得到广泛应用的数据包络分析模型是 CCR 模型，即由查恩斯（Charnes）、库珀（Cooper）与罗兹（Rhodes）三位学者名字的首字母组成，也是当前最为经典的数据包络分析方法。近些年中，仍旧有部分学者应用 CCR 模型进行能源效率测算、成本效益分析与全要素生产率的测度。

对于 CCR-DEA 模型，其具体的分布规划表达式如下：

$$\max A_k = \frac{\sum\limits_{r=1}^{p} \mu_r y_{rk}}{\sum\limits_{i=1}^{m} \varepsilon_i x_{ik}} \qquad (A-1)$$

$$\text{s. t.} \quad \frac{\sum\limits_{r=1}^{m} \mu_r y_{rk}}{\sum\limits_{i=1}^{m} \varepsilon_i x_{ik}} \leqslant 1$$

$$\mu \geqslant 0; \ \varepsilon \geqslant 0; \ i = 1,2,\cdots,m; \ r = 1,2,\cdots,p; \ j = 1,2,\cdots,n$$

在数据包络分析法中，对于模型的规模报酬情况是有假设条件的，其中，CCR 模型则以规模报酬不变为前提条件。在其线性规划式中，k 为具体的决策单元，A_k 为目标函数值，即寻找每单位投入最大的产出值，取值为 $0 \sim 1$；μ_r 与 ε_i 分别代表产出与投入的权重，并在规划函数的约束条件中通过其他决策单元进行限制。进一步地，可以通过 Charnes-Cooper 模型转化为如下的标准线性规划模型：

$$\max \sum_{r=1}^{p} \vartheta_r y_{rk} \qquad (A-2)$$

$$\text{s. t.} \sum_{r=1}^{p} \vartheta_r y_{rk} - \sum_{i=1}^{m} \varphi_i x_{ik} \leqslant 0$$

$$\sum_{i=1}^{m} \varphi_i x_{ik} = 1$$

$$\vartheta \geqslant 0; \ \varphi \geqslant 0; \ i = 1,2,\cdots,m; \ r = 1,2,\cdots,p; \ j = 1,2,\cdots,n$$

数据包络分析法一般是在原有的线性规划式基础上，进行对偶形式的处理，基于对偶形式线性规划模型得到的有效前沿即构成了包络形状，也就形成了各个决策单元的数据包络。CCR 的对偶模型可以表达为：

$$\min\theta \qquad\qquad (A-3)$$

$$\text{s. t.} \sum_{j=1}^{n} \varphi_j x_{ij} \leqslant \theta x_{ik}$$

$$\sum_{j=1}^{n} \varphi_j y_{rj} \geqslant y_{rk}$$

$$i = 1, 2, \cdots, m;\ r = 1, 2, \cdots, p;\ j = 1, 2, \cdots, n;\ \theta\epsilon(0,1)$$

在 CCR 对偶模型表达式中，要求目标 θ 最小，可以从 $1 - \theta$ 的含义进行理解，表示各个决策单元在保证产出水平不变的情况下，能够最大程度减少投入的比重，也就是说：θ 越小，决策单元 DMU 的投入产出效率水平越低；θ 越大，则表明投入要素减少的空间越小，决策单元效率水平越高。

基于规模报酬可变的 BCC 模型由班克（Banker）、查恩斯（Charnes）和库珀（Cooper）提出，同样以三人名字首字母进行命名。规模报酬可变的约束可以体现在决策单元线性组合系数 φ_j 中，即限制了 $\sum_{j=1}^{n} \varphi_j = 1$，从而保证各个决策单元以及投影点具备相同的生产规模。BCC 模型的对偶模型可以表示为：

$$\min\theta \qquad\qquad (A-4)$$

$$\text{s. t.} \sum_{j=1}^{n} \varphi_j x_{ij} \leqslant \theta x_{ik}$$

$$\sum_{j=1}^{n} \varphi_j y_{rj} \geqslant y_{rk}$$

$$\sum_{j=1}^{n} \varphi_j = 1$$

$$i = 1, 2, \cdots, m;\ r = 1, 2, \cdots, p;\ j = 1, 2, \cdots, n;\ \theta\epsilon(0,1)$$

但是，在传统的数据包络分析模型应用中，逐渐显露出诸多问题[109]。目前，在效率测算中，应用比较广泛的是非径向的超效率至有效最强前沿距离函数（Super-SBM）。首先，非径向的至有效前沿距离函数（SBM）将松弛变量纳入规划求解中，弥补了传统数据包络分析模型中仅仅对投入或产出中一个角度进行同比例变化测度的效率值的不全面性，能够综合有效地测算出决策单元的实际效率值；其次，在现实求解问题中，很多决策单元效率值出现大量为1的情况，尤其是在投入与产出变量增多的情况下更为明显，从而并不利于学者们进行决策单元差异的比较与分析，基于此，安德森和彼得森（Andersen & Petersen）提出了超效率模型，通过剔除目标决策单元（即约束了 $j \neq k$），并利用其他决策单元组成的前沿面替代原有全部数据构成的参考面，从而对有效的决策单元进行进一步的排序与比较分析。

以产出导向的单一投入以及双产出的数据包络分析模型为例，对于超效率包络情况以及效率进行测算（见图 A.1）。原始数据集 A、B、C、D、E、F 与坐标轴形成包络线 $aABCDb$，以决策单元 C 点为例，由于超效率数据包络分析是将决策单元剔除，因此，以 C 为目标单元的数据包络线变换为 $aABDb$。在可行解存在的情况下，C 点位于包络线外部，并与原点形成射线 OC，交 BD 与 M 点，因此得到的 C 点效率值为 $\dfrac{OC}{OM}$，且数值大于1。

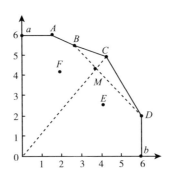

图 A.1 超效率 DEA 示意

对于超效率 SBM，其线性规划表达式如下：

$$\min\rho = \frac{\dfrac{1}{m}\sum_{i=1}^{m}\dfrac{\overline{x}_i}{x_{ik}}}{\dfrac{1}{p}\sum_{r=1}^{p}\dfrac{\overline{y}_i}{y_{rk}}} \qquad (A-5)$$

$$\text{s. t. } \overline{x}_i \geqslant \sum_{j=1;j\neq k}^{n} x_{ij}\varphi_j$$

$$\overline{y}_i \leqslant \sum_{j=1;j\neq k}^{n} y_{rj}\varphi_j$$

$$\overline{x}_i \geqslant x_{ik}$$

$$\overline{y}_i \leqslant y_{rk}$$

$$\varphi \geqslant 0; a^- \geqslant 0; a^+ \geqslant 0; \overline{y} \geqslant 0;$$

$$i = 1,2,\cdots,m;\ r = 1,2,\cdots,p;\ j = 1,2,\cdots,n(j\neq k)$$

其中，$\dfrac{1}{m}\sum_{i=1}^{m}\dfrac{\overline{x}_i}{x_{ik}}$ 与 $\dfrac{1}{p}\sum_{r=1}^{p}\dfrac{\overline{y}_i}{y_{rk}}$ 分别表示投入与产出的无效率程度，a^- 与 a^+ 分别代表投入的多余部分与产出的不足部分，φ_j 为线性组合系数。值得注意的是，在超效率模型中，$\rho\epsilon(0,+\infty)$，进一步地，将超效率 SBM 模型进行标准化，得到：

$$\min\rho = \frac{1 + \dfrac{1}{m}\sum_{i=1}^{m}\dfrac{a_i^-}{x_{ik}}}{1 - \dfrac{1}{p}\sum_{r=1}^{p}\dfrac{a_r^+}{y_{rk}}} \qquad (A-6)$$

$$\text{s. t. } x_{ik} \geqslant \sum_{j=1;j\neq k}^{n} x_{ij}\varphi_j - a_i^-$$

$$y_{rk} \leqslant \sum_{j=1;j\neq k}^{n} y_{rj}\varphi_j + a_r^+$$

$$\varphi \geqslant 0; a^- \geqslant 0; a^+ \geqslant 0;$$

$$i = 1,2,\cdots,m;\ r = 1,2,\cdots,p;\ j = 1,2,\cdots,n(j\neq k)$$

实际上，根据研究者研究目的的不同，数据包络分析模型可以分为投入、产出与非导向三种形式。其中，投入导向的数据包络分析模型重点关注的是在产量恒定约束下，投入资源的减少程度；产出导向的数据包络分析模型则是关注基于投入恒定约束下，综合产出所能够增大的程度；而非导向数据包络分析模型则同时放松了产出与投入的约束条件。

基于此，本书假设规模报酬不变，选择基于产出导向的超效率 SBM 模型，旨在增加期望产出，减少非期望产出，并构建相邻参比 Malmquist 指数（Adjacent Malmquist）。

附录 B

生态足迹测算

1992 年，加拿大学者里斯（Rees）首次提出生态足迹理论，将生态足迹引入生态经济学范畴中，在此后一段时间内，生态足迹理论被逐渐完善。在传统生态理论应用的过程中，其缺点逐渐暴露。首先，各类土地具有多样性的功能甚至具有部分可替代的特性，因此学者们在不同土地空间相斥的假设上存在较大质疑；其次，对于各项核算账户并不全面，并不能够全面衡量自然系统维持资源供给与废弃物消纳的能力；最后，以全球平均产量作为计算依据忽视了不同国家的区域异质性特点，在具体核算中，相比于土地生态质量，传统的理论更倾向对数量的关注。伴随着学者们对生态问题的关注，能值理论被提出，在一定程度上弥补了传统生态足迹理论的不足，美国生态经济学家奥德姆（Odum）在系统生态、能量生态和生态经济的基础上，将所有生物资源与劳动产品所涵盖的能量统一转化为太阳能值，并将能值转化率定义为单位能量或单位物质所需要的太阳能值（sej/J 或 sej/g）[249]。据此，学者们对于传统生态足迹进行改进并提出了能值密度这一概念，在一定程度上弥补了上述传统的土地面积核算法的缺陷。

本书选择区域能值生态足迹作为生态投入的表征变量。值得注意的是，生态足迹测算中将衡量对象分为两类——生物账户与能源账户，即能够同时衡量生物资源与能源资源，从而更加全面地衡量在经济增长中自然资源的投入要素水平。在具体测算中，遵循以下公式：

$$EF = \frac{\sum_{i=1}^{n} x_{ij} \cdot \alpha \cdot \beta}{\rho} \qquad (B-1)$$

其中，EF 为区域总生态足迹，x_{ij} 代表第 i 类土地中，第 j 种生物资源，土地种类包含耕地、林地、草地、化石能源用地、建设用地以及水域等 6 类，具体各类土地类型中包含的生物账户及能源账户见表 B.1。α 为能量折算系数，在生物账户类将生物产量转化为能量，在能源账户中将实物产出转化为标准煤能量；β 为能值转化率，将各类以焦耳（J）衡量的能量统一转化为太阳能能值（sej），使得各类资源之间具有可比性，能量折算系数以及能值转化率见表 B.2 和表 B.3。

表 B.1　　　　　　　　　　　　　生物资源账户

土地类型	生物资源种类
耕地	谷物 豆类 薯类 棉花 油料
林地	木材 茶叶 水果 苹果 梨 葡萄
草地	牛肉 猪肉 羊肉 奶类 禽蛋
化石能源用地	煤炭 焦炭 原油 汽油 煤油 柴油 燃料油 天然气
建设用地	电力
水域	鱼类 虾蟹类 其他水产品

表 B.2　　　　　　　生物账户能量折算系数及能值转化率

资源种类	α（j/wt）	β（sej/J）
谷物产量（万吨）	1.50×10^{14}	8.3×10^{4}
豆类产量（万吨）	1.84×10^{14}	6.9×10^{5}
薯类产量（万吨）	1.46×10^{14}	2.7×10^{3}
棉花产量（万吨）	1.67×10^{14}	8.6×10^{5}
油料产量（万吨）	2.50×10^{13}	6.9×10^{5}

续表

资源种类	α（j/wt）	β（sej/J）
水果产量（万吨）	3.30×10^{13}	5.3×10^4
苹果产量（万吨）	3.30×10^{13}	5.3×10^4
梨产量（万吨）	3.30×10^{13}	5.3×10^4
葡萄产量（万吨）	3.30×10^{13}	5.3×10^4
木材产量（万立方米）	1.67×10^{14}	4.4×10^4
猪肉产量（万吨）	2.02×10^{14}	1.7×10^6
牛肉产量（万吨）	1.10×10^{14}	4×10^6
羊肉产量（万吨）	1.10×10^{14}	2×10^6
奶类产量（万吨）	2.90×10^{13}	1.7×10^6
禽蛋产量（万吨）	8.40×10^{13}	1.71×10^6
茶叶（万吨）	1.63×10^{14}	2×10^5
虾类（万吨）	5.00×10^{13}	2×10^6
鱼类（万吨）	5.00×10^{13}	2×10^6
其他水产品（万吨）	5.00×10^{13}	2×10^6

表 B.3   **能源账户折煤系数及能值转化率**

能源种类	α（J/wce）	β（sej/J）
煤炭消费量（万吨）	2.09×10^{14}	3.98×10^4
焦炭消费量（万吨）	2.85×10^{14}	1.06×10^4
原油消费量（万吨）	4.19×10^{14}	5.4×10^4
汽油消费量（万吨）	4.31×10^{14}	6.6×10^4
煤油消费量（万吨）	4.31×10^{14}	5.4×10^4
柴油消费量（万吨）	4.25×10^{14}	6.6×10^4
燃料油消费量（万吨）	4.19×10^{14}	5.4×10^4
天然气消费量（亿立方米）	3.9×10^{15}	4.8×10^4
电力消费量（亿千瓦小时）	3.6×10^{14}	1.59×10^5

  对于分母部分区域能源密度的计算，则采取可更新能源转化的太阳能值总量与区域面积的比值衡量，五种可更新能源包含太阳辐射能、风能、

雨水化学能、雨水势能与地球旋转能，基于能源的转化情况，可更新能源总量取前四种能源最大值与地球旋转能的加和计算，具体测算公式如下：

$$\rho = \frac{\max(太阳辐射能,风能,雨水化学能,雨水势能) + 地球旋转能}{区域面积}$$

$$(B-2)$$

$$太阳辐射能 = 区域面积 \times 太阳光年平均辐射量 \qquad (B-3)$$

$$风能 = 区域面积 \times 平均风速 \times 空气层高度 \times 空气密度 \times 空气比热$$
$$\times 水平温度梯度 \times 年间秒量 \times (焦耳／千卡比值) \qquad (B-4)$$

$$雨水化学能 = 区域面积 \times 降水量 \times 吉布斯自由能 \times 水体密度$$
$$(B-5)$$

$$雨水势能 = 区域面积 \times 降水量 \times 平均海拔高度差 \times 水体密度 \times 重力加速度$$
$$地球旋转能 = 区域面积 \times 热通量 \qquad (B-6)$$

参 考 文 献

［1］郝颖, 辛清泉, 刘星. 地区差异、企业投资与经济增长质量［J］. 经济研究, 2014, 49（3）: 101 – 114, 89.

［2］王兵, 刘光天. 节能减排与中国绿色经济增长——基于全要素生产率的视角［J］. 中国工业经济, 2015（5）: 57 – 69.

［3］张弛. 能源消费强度的影响因素与碳排放预测研究［D］. 合肥: 合肥工业大学, 2019.

［4］林毅夫. 中国要以发展的眼光应对环境和气候变化问题: 新结构经济学的视角［J］. 环境经济研究, 2019, 4（4）: 1 – 7.

［5］汪晓东, 宋静思, 崔璨. 历史性的跨越 新奋斗的起点［N］. 人民日报, 2021 – 02 – 24.

［6］刘平阔, 彭欢, 骆赛. 中国能源转型驱动力的结构性特征研究［J］. 中国人口·资源与环境, 2019, 29（12）: 45 – 56.

［7］He Y, Liao N, Lin K R. Can China's industrial sector achieve energy conservation and emission reduction goals dominated by energy efficiency enhancement? A multi-objective optimization approach［J］. Energy Policy, 2021（149）: 112108.

［8］Li K M, Fang L T, He L R. The impact of energy price on CO_2 emissions in China: A spatial econometric analysis［J］. Science of the Total Environment, 2020（706）: 135942.

［9］Yuan Z W, Jiang W L, Liu B B, et al. Where will china go? A viewpoint based on an analysis of the challenges of resource supply and pollution［J］.

Environmental Progress & Sustainable Energy, 2008, 27 (4): 503 – 514.

［10］Zhu B, Shan H Y. Impacts of industrial structures reconstructing on carbon emission and energy consumption: A case of Beijing ［J］. Journal of Cleaner Production, 2020 (245): 118916.

［11］薛静静, 沈镭, 彭保发, 等. 区域能源消费与经济和环境绩效——基于 14 个能源输出和输入大省的实证研究 ［J］. 地理学报, 2014, 69 (10): 1414 – 1424.

［12］柳逸月. 中国能源系统转型及可再生能源消纳路径研究 ［D］. 兰州: 兰州大学, 2017.

［13］刘平阔, 王志伟. 中国"能源转型"是否合理? ——能源替代 - 互补关系的实证研究 ［J］. 中国软科学, 2019 (8): 14 – 30.

［14］王宁. 德国能源转型的经济分析及启示 ［D］. 长春: 吉林大学, 2019.

［15］魏巍. 能源转型、稳态变迁及其经济可持续增长效应 ［D］. 昆明: 云南大学, 2018.

［16］罗佐县, 许萍, 邓程程, 等. 世界能源转型与发展——低碳时代下的全球趋势与中国特色 ［J］. 石油石化绿色低碳, 2019, 4 (1): 6 – 16, 21.

［17］张所续, 马伯永. 世界能源发展趋势与中国能源未来发展方向 ［J］. 中国国土资源经济, 2019, 32 (10): 20 – 27, 33.

［18］Podobnik B J B, Economic S-P. Global Energy Shifts: Fostering Sustainability in a Turbulent Age ［M］. Temple University Press, 2006.

［19］Grubler A. Energy transitions research: Insights and cautionary tales ［J］. Energy Poilcy, 2012 (50): 8 – 16.

［20］Smil V. Energy Transitions: History, Requirements, Prospects ［M］. Praeger, 2010.

［21］罗伯特·海夫纳三世. 能源大转型: 气体能源的崛起与下一波经济大发展 ［M］. 马圆春, 李博抒, 译. 北京: 中信出版社, 2013.

[22] Greisberger H J E, Informationstechnik I E U. Strategien der Energiewende: Energieeffizienz and effektive Energieberatung [J]. Elektrotechnik and Informationstechnik, 2015, 132 (3): 185 – 188.

[23] Smil V. Energy in World History [M]. Taylor and Francis, 2019.

[24] Verbong G, Geels F. The ongoing energy transition: Lessons from a socio-technical, multi-level analysis of the Dutch electricity system (1960 – 2004) [J]. Energy Policy, 2007, 35 (2): 1025 – 37.

[25] Bridge G, Bouzarovski S, Bradshaw M, et al. Geographies of energy transition: Space, place and the low-carbon economy [J]. Energy Policy, 2013, 53 (3): 31 – 40.

[26] Bell S. The renewable energy transition energy path divergence, increasing returns and mutually reinforcing leads in the state-market symbiosis [J]. New Political Economy, 2020, 25 (1): 57 – 71.

[27] Rose S K, Kriegler E, Bibas R, et al. Bioenergy in energy transformation and climate management [J]. Climatic Change, 2014, 123 (3): 477 – 493.

[28] Pan X, Chen W, Clarke L E, et al. China's energy system transformation towards the 2℃ goal: Implications of different effort-sharing principles [J]. Energy Policy, 2017, 103 (1): 16 – 26.

[29] Gielen D, Boshell F, Saygin D, et al. The role of renewable energy in the global energy transformation [J]. Energy Strategy Reviews, 2019 (24): 38 – 50.

[30] Cai Y, Newth D, Finnigan J, et al. A hybrid energy-economy model for global integrated assessment of climate change, carbon mitigation and energy transformation [J]. Applied energy, 2015, 148 (3): 81 – 95.

[31] Loske M J N M. Devices, applications, smart energy [J]. IEEE Transactions on Consumer Electronics, 2017: 471 – 488.

[32] Smil V. Energy in Nature and Society: General Energetics of Com-

plex Systems [M]. MIT Press, 2008.

[33] Svensson O, Khan J, Hildingsson R J S. Studying industrial decarbonisation: Developing an interdisciplinary understanding of the conditions for transformation in energy-intensive natural resource-based industry [J]. Sustainability, 2020, 12 (5): 2129.

[34] Oudes D, Stremke S J L, Planning U. Spatial transition analysis: Spatially explicit and evidence-based targets for sustainable energy transition at the local and regional scale [J]. Landscape and Urban Planning, 2018 (169): 1 – 11.

[35] Heal G. Economic aspects of the energy transition [J]. Environmental & Reource Economics, 2022, 83 (1): 5 – 21.

[36] Bolwig S, Bazbauers G, Klitkou A, et al. Review of modelling energy transitions pathways with application to energy system flexibility [J]. Renewable and Sustainable Energy Reviews, 2019, 101 (4): 40 – 52.

[37] Van Den Bergh J C J M. Policies to enhance economic feasibility of a sustainable energy transition [J]. Proceeding of the National Academy of Sciences of the United States of America, 2013, 110 (7): 2436 – 2437.

[38] Klenow P J, Rodriguez-Clare A. Economic growth: A review essay [J]. Journal of Monetary Economics, 1997, 40 (3): 597 – 617.

[39] Panayotou T. Economic growth and the environment [M]. New York University Press, 2016.

[40] Popkova E, Tinyakova V J W A S J. New quality of economic growth at the present stage of development of the world economy [J]. Economics, 2013, 5 (1): 617 – 622.

[41] Manish G P. Market reforms in India and the quality of economic growth [J]. The Independent Review, 2013, 18 (2): 241 – 262.

[42] Ru S F, Liu J Q, Wang T H, et al. Provincial quality of economic growth: Measurements and influencing factors for China [J]. Sustainability,

2020, 12 (4): 1 –16.

[43] 卡马耶夫. 经济增长的速度和质量 [M]. 武汉: 湖北人民出版社. 1983.

[44] Barro R J. Quantity and Quality of Economic Growth [M]. Banco Central de Chile, 2002.

[45] Beugelsdijk S, Klasing M J, Milionis P. Regional economic development in Europe: The role of total factor productivity [J]. Regional Studies, 2018, 52 (4): 461 –476.

[46] Yanikkaya H, Altun A. Does capital drain reduce total factor productivity growth in developing countries? [J]. Argumenta Oeconomica, 2020, 45 (2): 53 –75.

[47] Raza M, Aldeehani T M, Alshebami A S. The relationship between domestic investment and quality economic growth in thailand [J]. International Journal for Quality Research, 2020, 14 (3): 691 –703.

[48] Tridico P. Institutions, Human Development and Economic Growth in Transition Economies [M]. Springer, 2011.

[49] Hanushek E A, Woessmann L J E L. Sample selectivity and the validity of international student achievement tests in economic research [J]. Economics Letters, 2011, 110 (2): 79 –82.

[50] Kaplan R M, Saccuzzo D P. Psychological Testing: Principles, Applications, and Issues [M]. Nelson Education, 2017.

[51] Corrado G, Corrado L. Inclusive finance for inclusive growth and development [J]. Current Opinion in Environmental Sustainability, 2017 (24): 19 –23.

[52] Aswal D K. Quality Infrastructure of India and Its Importance for Inclusive National Growth [J]. Mapan-Journal of Metrology Society of India, 2020, 35 (2): 139 –150.

[53] Pitelis C. Towards a more 'ethically correct' governance for economic

sustainability［J］. Journal of Business Ethics, 2013, 118（3）：655 – 665.

［54］Ahmed B. Environmental governance and sustainable development in Bangladesh：millennium development goals and sustainable development goals ［J］. Asia Pacific Journal of Public Administration, 2019, 41（4）：237 – 245.

［55］Markaki M, Belegri-Roboli A, Michaelides P, et al. The impact of clean energy investments on the Greek economy：An input-output analysis （2010 – 2020）［J］. Energy Policy, 2013, 57（2）：63 – 75.

［56］Alper A, Oguz O. The role of renewable energy consumption in economic growth：Evidence from asymmetric causality ［J］. Renewable & Sustainable Energy Reviews, 2016, 60（95）：3 – 9.

［57］Inglesi-Lotz R. The impact of renewable energy consumption to economic growth：A panel data application ［J］. Information Technology Newsweekly, 2016（53）：58 – 63.

［58］Armeanu D S, Vintila G, Gherghina S C. Does renewable energy drive sustainable economic growth? Multivariate panel data evidence for EU – 28 countries ［J］. Energies, 2017, 10（3）：1 – 21.

［59］Asiedu B A, Hassan A A, Bein M A. Renewable energy, non-renewable energy, and economic growth：Evidence from 26 European countries ［J］. Environmental Science and Pollution Research, 2021, 28（9）：11119 – 11128.

［60］中美元首气候变化联合声明 ［N］. 人民日报, 2016 – 04 – 02.

［61］Narayan S. Predictability within the energy consumption-economic growth nexus：Some evidence from income and regional groups ［J］. Economic Modelling, 2016, 54（5）：15 – 21.

［62］Shahbaz M, Hoang T H V, Mahalik M K, et al. Energy consumption, financial development and economic growth in India：New evidence from a nonlinear and asymmetric analysis ［J］. Energy Economics, 2017（63）：199 – 212.

［63］Omri A, Ben Mabrouk N, Sassi-Tmar A. Modeling the causal linkages between nuclear energy, renewable energy and economic growth in developed and developing countries［J］. Renewable & Sustainable Energy Reviews，2015，42（10）：12－22.

［64］ Sikder A，Inekwe J，Bhattacharya M. Economic output in the era of changing energy-mix for G20 countries：New evidence with trade openness and research and development investment［J］. Applied Energy，2019，235（93）：0－8.

［65］ Bowden N，Payne J E. Sectoral analysis of the causal relationship between renewable and non-renewable energy consumption and real output in the US［J］. Energy Sources Part B-Economics Planning and Policy，2010，5（4）：400－408.

［66］ Destek M A. Renewable energy consumption and economic growth in newly industrialized countries：Evidence from asymmetric causality test［J］. Renewable Energy，2016，95（4）：78－84.

［67］ 朱彤，王蕾. 国家能源转型：德、美实践与中国选择——对能源转型的战略性思考［J］. 国际石油经济，2016，24（5）：115.

［68］ 何建坤. 中国能源革命与低碳发展的战略选择［J］. 武汉大学学报（哲学社会科学版），2015，68（1）：5－12.

［69］ 史丹. 推进中国能源转型的供给侧措施［J］. 中国经济学人（英文版），2017，12（1）：80－97.

［70］ 顾海兵，张帅. 中国能源转型的测定研究及与美、德的比较［J］. 学术研究，2017（6）：84－91.

［71］ 赵宏图. 国际能源转型现状与前景［J］. 现代国际关系，2009（6）：35－42.

［72］ 张海龙. 中国新能源发展研究［D］. 长春：吉林大学，2014.

［73］ 裴广强. 近代以来西方主要国家能源转型的历程考察——以英荷美德四国为中心［J］. 史学集刊，2017（4）：75－88.

［74］ 吴磊，詹红兵. 国际能源转型与中国能源革命［J］. 云南大学学报（社会科学版），2018，17（3）：116－127.

[75] 张萌萌. 基于国际比较的可再生能源发展与能源转型研究 [D]. 哈尔滨：哈尔滨工业大学，2019.

[76] 邹才能，何东博，贾成业，等. 世界能源转型内涵、路径及其对碳中和的意义 [J]. 石油学报，2021，42（2）：233 –247.

[77] 史丹. 能源转型与中国经济的绿色增长 [N]. 光明日报，2016 –07 –20.

[78] 史丹. 全球能源转型特征与中国的选择 [N]. 经济日报，2016 –08 –18.

[79] 姜玲玲，刘晓龙，葛琴，等. 我国能源结构转型趋势与对策研究 [J]. 中国能源，2020，42（9）：15 –9，27.

[80] 李俊峰，柴麒敏. 论我国能源转型的关键问题及政策建议 [J]. 环境保护，2016，44（9）：16 –21.

[81] 李俊江，王宁. 中国能源转型及路径选择 [J]. 行政管理改革，2019（5）：65 –73.

[82] 吴磊. 能源转型与"能源革命"战略思想 [N]. 中国社会科学报，2018 –07 –31.

[83] 刘媛媛. 能源转型下可再生能源发展现状与趋势研究 [J]. 中国经贸导刊（中），2018（35）：9 –11.

[84] 齐绍洲，李杨. 能源转型下可再生能源消费对经济增长的门槛效应 [J]. 中国人口·资源与环境，2018，28（2）：19 –27.

[85] 王伟亮，王丹，贾宏杰，等. 能源互联网背景下的典型区域综合能源系统稳态分析研究综述 [J]. 中国电机工程学报，2016，36（12）：3292 –3306.

[86] 朱彤. 我国可再生能源的发展阶段与面临挑战 [J]. 中国国情国力，2019（7）：8 –12.

[87] 柳逸月，李锟. 中国能源转型的挑战及对策研究进展 [C]. 中国环境科学学会. 2017 中国环境科学学会科学与技术年会论文集（第一卷），2017：204 –209.

［88］柴建，杜孟凡，周晓阳，等．中国省际差异化能源转型背景下的 CO_2 排放预测［J］．系统工程理论与实践，2019，39（8）：2005 - 2018.

［89］王江，张翔．可持续能源转型：模型构建与分析［J］．中国人口·资源与环境，2020，30（3）：74 - 82.

［90］张国兴，高秀林，汪应洛，等．中国节能减排政策的测量、协同与演变——基于1978～2013年政策数据的研究［J］．中国人口·资源与环境，2014，24（12）：62 - 73.

［91］马向平，卓成刚．我国煤炭资源开采总量控制政策回顾与述评［J］．中国地质大学学报（社会科学版），2015，15（4）：18 - 25.

［92］王杰，李惠民，张明顺．控制大气污染背景下北京市减少煤炭消费的政策经验与启示［J］．生态经济，2018，34（8）：193 - 198.

［93］李璐．可再生能源发展政策影响的分析模型及实证研究［D］．保定：华北电力大学，2015.

［94］李培，王新，柴发合，等．我国城市大气污染控制综合管理对策［J］．环境与可持续发展，2011，36（5）：8 - 14.

［95］刘坚，任东明．欧盟能源转型的路径及对我国的启示［J］．中国能源，2013，35（12）：8 - 11.

［96］林伯强．能源转型没有"免费午餐"［J］．中国战略新兴产业，2016（19）：22 - 24.

［97］周孝信，陈树勇，鲁宗相，等．能源转型中我国新一代电力系统的技术特征［J］．中国电机工程学报，2018，38（7）：1893 - 1904，2205.

［98］舟丹．能源技术创新推动能源转型［J］．中外能源，2020，25（7）：53.

［99］李建林，田立亭，来小康．能源互联网背景下的电力储能技术展望［J］．电力系统自动化，2015，39（23）：15 - 25.

［100］刘冠伟．能源转型背景下的储能技术发展前景［J］．中外能源，2017，22（12）：69 - 78.

[101] 张化冰.智能电网：能源转型与能源革命的核心——访电力规划设计总院副总工程师、智能电网部主任黄晓莉 [J].电力设备管理，2018（9）：26-30.

[102] 刘骏，敬成君.向可再生能源转型——太阳能绿色建筑 [J].城市地理，2015（4）：67.

[103] 刘坚，赵勇强，Gregers N S L.我国新能源汽车发展对道路交通能源转型影响研究 [J].中国能源，2014，36（6）：19-24.

[104] 刘帅.中国经济增长质量的地区差异与随机收敛 [J].数量经济技术经济研究，2019，36（9）：24-41.

[105] 王军，李萍.绿色税收政策对经济增长的数量与质量效应——兼议中国税收制度改革的方向 [J].中国人口·资源与环境，2018，28（5）：17-26.

[106] 王薇.中国经济增长数量、质量和效益的耦合研究 [D].西安：西北大学，2016.

[107] 王薇，任保平.数量型经济增长与质量型经济增长的比较及转型路径 [J].人文杂志，2014（4）：24-30.

[108] 李海明.一个古典-马克思经济增长模型的中国经验 [J].经济研究，2014，49（11）：159-169.

[109] 卞志村，胡恒强.黏性价格、黏性信息与中国菲利普斯曲线 [J].世界经济，2016，39（4）：22-43.

[110] 赵红梅，易卓睿.劳动生产率与中国菲利普斯曲线的门限转换特征 [J].南开经济研究，2019（6）：108-131.

[111] 许宪春，贾海，李皎等.房地产经济对中国国民经济增长的作用研究 [J].中国社会科学，2015（1）：84-101，204.

[112] 谢贞发，张玮.中国财政分权与经济增长——一个荟萃回归分析 [J].经济学（季刊），2015，14（2）：435-452.

[113] 陈彦斌，林晨，陈小亮.人工智能、老龄化与经济增长 [J].经济研究，2019，54（7）：47-63.

［114］钞小静．经济增长质量：一种理论解释及中国的实证分析
［D］．西安：西北大学，2009．

［115］任保平，李娟伟．实现中国经济增长数量、质量和效益的统一
［J］．西北大学学报（哲学社会科学版），2013，43（1）：110－115．

［116］任保平，张蓓．我国省级地方经济增长中数量与质量不一致性
及其理论解释［J］．社会科学研究，2016（5）：57－64．

［117］许珂．新中国经济发展70年：由数量增长到高质量发展［J］．
山西师大学报（社会科学版），2019，46（6）：7－10．

［118］禹梦夏，高博．由数量型向质量型转变：经济增长理论与实践
的主旋律［N］．中国社会科学报，2012－10－10．

［119］钞小静，惠康．中国经济增长质量的测度［J］．数量经济技术
经济研究，2009，26（6）：75－86．

［120］黄宝敏．能源效率、环境约束与我国经济增长质量研究［D］．
长春：吉林大学，2015．

［121］唐未兵，傅元海，王展祥．技术创新、技术引进与经济增长方
式转变［J］．经济研究，2014，49（7）：31－43．

［122］林春．财政分权与中国经济增长质量关系——基于全要素生产
率视角［J］．财政研究，2017（2）：73－83，97．

［123］孙玉阳，宋有涛，杨春荻．环境规制对经济增长质量的影响：
促进还是抑制？——基于全要素生产率视角［J］．当代经济管理，2019，
41（10）：11－7．

［124］黄志基，贺灿飞．制造业创新投入与中国城市经济增长质量研
究［J］．中国软科学，2013（3）：89－100．

［125］刘文革，周文召，仲深，等．金融发展中的政府干预、资本化
进程与经济增长质量［J］．经济学家，2014（3）：64－73．

［126］刘建国，张文忠．中国区域全要素生产率的空间溢出关联效应
研究［J］．地理科学，2014，34（5）：522－530．

［127］陈红蕾，覃伟芳．中国经济的包容性增长：基于包容性全要素

生产率视角的解释 [J]. 中国工业经济, 2014 (1): 18 – 30.

[128] 赵可, 徐唐奇, 张安录. 城市用地扩张、规模经济与经济增长质量 [J]. 自然资源学报, 2016, 31 (3): 390 – 401.

[129] 沈利生. 中国经济增长质量与增加值率变动分析 [J]. 吉林大学社会科学学报, 2009, 49 (3): 126 – 134, 160.

[130] 沈利生, 王恒. 增加值率下降意味着什么 [J]. 经济研究, 2006 (3): 59 – 66.

[131] 陈登科, 陈诗一. 资本劳动相对价格、替代弹性与劳动收入份额 [J]. 世界经济, 2018, 41 (12): 73 – 97.

[132] 白俊红, 王林东. 创新驱动是否促进了经济增长质量的提升? [J]. 科学学研究, 2016, 34 (11): 1725 – 1735.

[133] 刘燕妮, 安立仁, 金田林. 经济结构失衡背景下的中国经济增长质量 [J]. 数量经济技术经济研究, 2014, 31 (2): 20 – 35.

[134] 詹新宇, 崔培培. 中国省际经济增长质量的测度与评价——基于"五大发展理念"的实证分析 [J]. 财政研究, 2016 (8): 40 – 53, 39.

[135] 任保平. 经济增长质量: 经济增长理论框架的扩展 [J]. 经济学动态, 2013 (11): 45 – 51.

[136] 魏婕, 任保平. 中国经济增长包容性的测度: 1978—2009 [J]. 中国工业经济, 2011 (12): 5 – 14.

[137] 任保平, 韩璐, 崔浩萌. 进入新常态后中国各省区经济增长质量指数的测度研究 [J]. 统计与信息论坛, 2015, 30 (8): 3 – 8.

[138] 钞小静, 任保平, 许璐. 中国经济增长质量的地区差异研究——基于半参数个体时间异质模型的检验 [J]. 江西财经大学学报, 2016 (1): 10 – 20.

[139] 曾艺, 韩峰, 刘俊峰. 生产性服务业集聚提升城市经济增长质量了吗? [J]. 数量经济技术经济研究, 2019, 36 (5): 83 – 100.

[140] 魏敏, 李书昊. 新常态下中国经济增长质量的评价体系构建与测度 [J]. 经济学家, 2018 (4): 19 – 26.

［141］何兴邦.城镇化对中国经济增长质量的影响——基于省级面板数据的分析［J］.城市问题，2019（1）：4－13.

［142］马茹，罗晖，王宏伟，等.中国区域经济高质量发展评价指标体系及测度研究［J］.中国软科学，2019（7）：60－67.

［143］王兵，刘光天.节能减排与中国绿色经济增长——基于全要素生产率的视角［J］.中国工业经济，2015（5）：57－69.

［144］禹四明.中国经济增长质量的水平测度及提升路径研究［D］.沈阳：辽宁大学，2017.

［145］杨占锋，段小梅.产业结构变迁对经济增长质量的影响效应——基于成渝经济区全要素生产率贡献的分析［J］.地域研究与开发，2019，38（1）：39－44.

［146］魏婕，任保平.要素生产率和经济增长质量的理论与实证分析——基于1952～2007年的数据［J］.山西财经大学学报，2009，31（11）：36－44.

［147］陶静，胡雪萍.环境规制对中国经济增长质量的影响研究［J］.中国人口·资源与环境，2019，29（6）：85－96.

［148］刘小琴，马树才.专利视角下中国战略性新兴产业技术创新与经济增长关系的协整分析［J］.贵州师范大学学报（社会科学版），2017（2）：95－103.

［149］钞小静，薛志欣.以新经济推动中国经济高质量发展的机制与路径［J］.西北大学学报（哲学社会科学版），2020，50（1）：49－56.

［150］张腾，蒋伏心，韦朕韬.财政分权对我国经济增长质量的影响机理研究［J］.华东经济管理，2020，34（11）：62－71.

［151］张优智，党兴华.能源消费结构与经济增长的动态关联分析［J］.中国管理科学，2014，22（S1）：840－845.

［152］张晓娣，刘学悦.征收碳税和发展可再生能源研究——基于OLG-CGE模型的增长及福利效应分析［J］.中国工业经济，2015（3）：18－30.

［153］林伯强，李江龙.基于随机动态递归的中国可再生能源政策量

化评价 [J]. 经济研究, 2014, 49 (4): 89 - 103.

[154] 刘明辉, 袁培. "一带一路"背景下中巴能源消费结构与经济增长关联性比较研究 [J]. 财经理论研究, 2015 (5): 31 - 37.

[155] 蒋高振. 可再生能源消费对经济增长影响的实证研究 [D]. 济南: 山东大学, 2017.

[156] 王文霞. 基于 VAR 模型的能源消费结构优化与农业经济增长 [J]. 现代农业科技, 2020 (8): 237 - 240.

[157] Zhao X, Luo D. Forecasting fossil energy consumption structure toward low-carbon and sustainable economy in China: Evidence and policy responses [J]. Energy Strategy Reviews, 2018, 22 (30): 3 - 12.

[158] 徐维祥, 徐志雄, 刘程军. 能源结构、生态环境与经济发展——门槛效应与异质性分析 [J]. 统计与信息论坛, 2020, 35 (10): 81 - 89.

[159] 黄毅诚. 能源百科全书 [M]. 北京: 中国大百科全书出版社, 1997.

[160] 李诚. 我国部门间能源消耗与污染气体排放的估算 [J]. 山西财经大学学报, 2010, 32 (7): 46 - 54.

[161] 刘宇, 周梅芳, 王毅. 基于能源类型的中国反弹效应测算及其分解 [J]. 中国人口·资源与环境, 2016, 26 (12): 133 - 139.

[162] Lin B Q, Moubarak M. Renewable energy consumption-Economic growth nexus for China [J]. Renewable & Sustainable Energy Reviews, 2014, 40 (11): 1 - 7.

[163] 高虎, 时璟丽. 2018 年我国非化石能源发展形势及 2019 年展望 [J]. 中国能源, 2019, 41 (2): 4 - 8.

[164] Wang Y C, Lu Y L, He G Z, et al. Spatial variability of sustainable development goals in China: A provincial level evaluation [J]. Environmental Development, 2018: 100483.

[165] Shi L Y, Vause J, Li Q, et al. Decoupling analysis of energy consumption and economic development in China [J]. Energy Sources Part B-Eco-

nomics Planning and Policy, 2016, 11 (9): 788 - 792.

［166］ Qi S Z, Li Y. Threshold effects of renewable energy consumption on economic growth under energy transformation ［J］. Chinese Journal of Population Resources and Environment, 2017, 15 (4): 312 - 321.

［167］ Gielen D, Boshell F, Saygin D, et al. The role of renewable energy in the global energy transformation ［J］. Energy Strategy Reviews, 2019 (24): 38 - 50.

［168］ Pidgeon N, Demski C C. From nuclear to renewable: Energy system transformation and public attitudes ［J］. Bulletin of the Atomic Scientists, 2012, 68 (4): 41 - 51.

［169］ Radler M, BELL L. Economic growth boosting US, global energy demand ［J］. Oil & Gas Journal, 2007, 105 (25): 18 - 27.

［170］ 高鸿业. 20 世纪西方微观和宏观经济学的发展 ［J］. 中国人民大学学报, 2000 (1): 4 - 11.

［171］ 程承坪, 陈志. 经济增长数量与质量的耦合分析——基于湖北省 2003 - 2013 年统计数据的实证研究 ［J］. 宏观质量研究, 2016, 4 (2): 51 - 60.

［172］ 姜琪. 政府质量、文化资本与地区经济发展——基于数量和质量双重视角的考察 ［J］. 经济评论, 2016 (2): 58 - 73.

［173］ 傅京燕, 程芳芳. 二氧化硫排污权交易对经济增长“量”和“质”的影响研究 ［J］. 暨南学报 (哲学社会科学版), 2020, 42 (6): 94 - 107.

［174］ 任保平, 魏婕. 中国经济增长中数量和质量的不一致性及其理论解释 ［J］. 社会科学研究, 2012 (3): 6 - 10.

［175］ 蔡昉. 全要素生产率怎么提高? ［J］. 商讯, 2018 (6): 89 - 90.

［176］ 蔡昉. 如何认识和提高经济增长质量 ［J］. 科学发展, 2017 (3): 5 - 10.

［177］ 任保平, 刘戈非. 新中国成立以来经济增长质量的历史演变和

评价考察［J］．求索，2020（5）：170－179．

［178］Yngve D. Extensions of the Titchmarsh convolution theorem with applications in the theory of invariant subspaces［J］．Proceedings of the London Mathematical Society，1983，3（2）：288－300．

［179］马克思，恩格斯．马克思恩格斯选集：第二卷［M］．北京：人民出版社，1972．

［180］胡企林．论大卫·休谟的经济学说［J］．经济科学，1983（6）：67－73．

［181］戴庆苏．国富与民富——亚当·斯密《国富论》研究［D］．南京：南京师范大学，2013．

［182］张坤民．可持续发展与中国［J］．中国人口·资源与环境，1997（2）：8－11．

［183］范金．可持续发展下的IS-LM-SD曲线研究［J］．系统工程理论与实践，2003（12）：81－85．

［184］萨缪尔森，诺德豪斯．宏观经济学［M］．萧琛，等译．北京：华夏出版社，1999．

［185］兰德尔．资源经济学：从经济角度对自然资源和环境政策的探讨［M］．施以正译．北京：商务印书馆，1989．

［186］黄敬宝．外部性理论的演进及其启示［J］．生产力研究，2006，7（2）：2－4．

［187］向昀，任健．西方经济学界外部性理论研究介评［J］．经济评论，2002（3）：58－62．

［188］晏艳阳，宋美喆．我国能源利用效率影响因素分析［J］．软科学，2011，25（6）：28－31．

［189］李柏洲，徐广玉，苏屹．基于扎根理论的企业知识转移风险识别研究［J］．科学学与科学技术管理，2014，35（4）：57－65．

［190］Glaser B G，Strauss A L，Strutzel E. The discovery of grounded theory；Strategies for qualitative research［J］．American Journal of Sociology，

1968, 17 (4): 364.

[191] 苏郁锋, 吴能全, 周翔. 制度视角的创业过程模型——基于扎根理论的多案例研究 [J]. 南开管理评论, 2017, 20 (1): 181 - 192.

[192] 赵红丹, 彭正龙. 基于扎根理论的强制性公民行为影响因素研究 [J]. 管理评论, 2012, 24 (3): 132 - 139.

[193] 周文辉. 知识服务、价值共创与创新绩效——基于扎根理论的多案例研究 [J]. 科学学研究, 2015, 33 (4): 567 - 573, 626.

[194] 沈镭, 刘立涛. 中国能源政策可持续性评价与发展路径选择 [J]. 资源科学, 2009, 31 (8): 1264 - 1271.

[195] 韩建国. 能源结构调整 "软着陆" 的路径探析——发展煤炭清洁利用、破解能源困局、践行能源革命 [J]. 管理世界, 2016 (2): 3 - 7.

[196] 向其凤, 王文举. 中国能源结构调整及其节能减排潜力评估 [J]. 经济与管理研究, 2014 (7): 13 - 22.

[197] Sagar A. Technology innovation and energy [J]. Encyclopedia of Energy, 2004: 27 - 43.

[198] 邹才能, 潘松圻, 赵群. 论中国 "能源独立" 战略的内涵、挑战及意义 [J]. 石油勘探与开发, 2020, 47 (2): 416 - 426.

[199] 孙倩, 汪鹏, 钟少芬, 等. 我国实现能源技术转型的困境与出路——基于能源消费总量控制约束的探究 [J]. 科技管理研究, 2019, 39 (5): 222 - 227.

[200] 高瑜, 张庆宇. 我国能源政策转型的关键问题与主攻方向 [J]. 中国行政管理, 2018 (5): 151 - 152.

[201] 石耀东. 我国能源政策面临的突出矛盾与未来战略转型 [J]. 发展研究, 2014 (2): 7 - 10.

[202] 陈艳, 成金华. 我国能源政策问题研究综述 [J]. 中国能源, 2006 (10): 24 - 27.

[203] 吴钟瑚. 助推新能源和可再生能源产业快速良性发展 [J]. 中国发展观察, 2009 (9): 25 - 26.

［204］林明彻，李晶晶，杨富强．中国可持续能源政策分析［J］．中国能源，2012，34（6）：6－16，25.

［205］Zeng J J, Liu T, Feiock R, et al. The impacts of China's provincial energy policies on major air pollutants: A spatial econometric analysis［J］. Energy Policy, 2019（132）: 392－403.

［206］涂强，莫建雷，范英．中国可再生能源政策演化、效果评估与未来展望［J］．中国人口·资源与环境，2020，30（3）：29－36.

［207］Jiang X Y, Zhang J W. China's legislative practices on climate change after the Paris Agreement［J］. Journal of East Asia and International Law, 2017, 10（1）: 259－268.

［208］Zhou S, Tong Q, Yu S, et al. Role of non-fossil energy in meeting China's energy and climate target for 2020［J］. Energy Policy, 2012, 51（1）: 4－9.

［209］董康银．低碳约束背景下中国能源转型路径与优化模型研究［D］．北京：中国石油大学（北京），2019.

［210］Cheon A, Urpelainen J. Oil prices and energy technology innovation: An empirical analysis［J］. Global Environmental Change-Human and Policy Dimensions, 2012, 22（2）: 407－417.

［211］郭丕斌，周喜君，李丹，等．煤炭资源型经济转型的困境与出路：基于能源技术创新视角的分析［J］．中国软科学，2013（7）：39－46.

［212］叶琴，曾刚，戴劭勋，等．不同环境规制工具对中国节能减排技术创新的影响——基于285个地级市面板数据［J］．中国人口·资源与环境，2018，28（2）：115－122.

［213］范丹，孙晓婷．环境规制、绿色技术创新与绿色经济增长［J］．中国人口·资源与环境，2020，30（6）：105－115.

［214］曾婧婧，童文思．能源政策如何作用工业绿色经济发展［J］．中国人口·资源与环境，2018，28（12）：19－28.

［215］李辉，徐美宵，张泉．改革开放40年中国能源政策回顾：从

结构到逻辑 [J]. 中国人口·资源与环境, 2019, 29 (10): 167-176.

[216] 李文华. 新时期国家能源发展战略问题研究 [D]. 天津: 南开大学, 2013.

[217] 陈峥. 能源禀赋、政府干预与中国能源效率研究 [D]. 武汉: 中南财经政法大学, 2017.

[218] 范德成, 王韶华, 张伟, 等. 低碳经济范式下能源结构优化程度评价研究 [J]. 运筹与管理, 2013, 22 (6): 168-176.

[219] 李美莹. 我国能源供给结构低碳化评价与优化研究 [D]. 哈尔滨: 哈尔滨工程大学, 2014.

[220] 董炜. 低碳转型趋势下中国能源消费结构优化研究 [D]. 武汉: 武汉大学, 2017.

[221] 朱荣军. 中国能源技术进步偏向的影响因素研究 [D]. 杭州: 浙江工商大学, 2018.

[222] 熊道陵, 李金辉, 傅学政. 我国能源多元化开发的进展 [J]. 煤炭经济研究, 2009 (3): 4-7.

[223] 赫永达. 基于能源消费的资本与能源替代效应研究 [D]. 长春: 吉林大学, 2015.

[224] Unruh G C. Escaping carbon lock-in [J]. Energy Policy, 2002, 30 (4): 317-325.

[225] 吴磊, 曹峰毓. 论世界能源体系的双重变革与中国的能源转型 [J]. 太平洋学报, 2019, 27 (3): 37-49.

[226] 谢志明, 晏奎, 周乐明, 等. 经济增长、能源转型与 CO_2 排放的长期均衡——基于省级面板数据的实证分析 [J]. 财经理论与实践, 2017, 38 (6): 113-118.

[227] 刘贤赵, 高长春, 张勇, 等. 中国省域能源消费碳排放空间依赖及影响因素的空间回归分析 [J]. 干旱区资源与环境, 2016, 30 (10): 1-6.

[228] 王富忠, 陈劲. 能源路径依赖与能源强度研究: 以物流业为例

[J]．管理学报，2016，13（6）：929－937．

［229］Aghion P，Howitt P，Howitt P W，et al. Endogenous Growth Theory［M］. MIT press，1998．

［230］金刚，沈坤荣．中国工业技术创新空间扩散效应的时空演化［J］．经济地理，2016，36（5）：121－127．

［231］王俊松，颜燕，胡曙虹．中国城市技术创新能力的空间特征及影响因素——基于空间面板数据模型的研究［J］．地理科学，2017，37（1）：11－18．

［232］Ahmad M，Jiang P，Majeed A，et al. The dynamic impact of natural resources，technological innovations and economic growth on ecological footprint：An advanced panel data estimation［J］. Resources Policy，2020（69）：101817．

［233］韩玥．基于能源消费、经济增长与碳排放关系研究的能源政策探讨［D］．北京：中国地质大学（北京），2012．

［234］曾婧婧，童文思．能源政策创新对中国绿色经济发展的驱动途径——基于2007－2011年省级面板数据的实证研究［J］．经济问题探索，2017（5）：155－163．

［235］原毅军，谢荣辉．环境规制的产业结构调整效应研究——基于中国省际面板数据的实证检验［J］．中国工业经济，2014（8）：57－69．

［236］马丽梅，史丹，裴庆冰．中国能源低碳转型（2015—2050）：可再生能源发展与可行路径［J］．中国人口·资源与环境，2018，28（2）：8－18．

［237］徐斌，陈宇芳，沈小波．清洁能源发展、二氧化碳减排与区域经济增长［J］．经济研究，2019，54（7）：188－202．

［238］Hansen B. Threshold effects in non-dynamic panels：Estimation，testing，and inference［J］. Journal of Econometrics，1999，93（2）：345－368．

［239］郭家堂，骆品亮．互联网对中国全要素生产率有促进作用吗？［J］．管理世界，2016（10）：34－49．

［240］Solarin S A，Nathaniel S P，Bekun F V，et al. Towards achieving environmental sustainability：environmental quality versus economic growth in a developing economy on ecological footprint via dynamic simulations of ARDL ［J］. Environmental Science and Pollution Research，2021：2 – 3.

［241］钟水映，冯英杰. 中国省际间绿色发展福利测量与评价 ［J］. 中国人口·资源与环境，2017，27（9）：196 – 204.

［242］孙慧，朱俏俏. 中国资源型产业集聚对全要素生产率的影响研究 ［J］. 中国人口·资源与环境，2016，26（1）：121 – 130.

［243］张军，吴桂英，张吉鹏. 中国省际物质资本存量估算：1952—2000 ［J］. 经济研究，2004（10）：35 – 44.

［244］邢贞成，王济干，张婕. 中国区域全要素生态效率及其影响因素研究 ［J］. 中国人口·资源与环境，2018，28（7）：119 – 126.

［245］李姣，周翠烟，张灿明，等. 基于生态足迹的湖南省洞庭湖生态经济区全要素生态效率研究 ［J］. 经济地理，2019，39（2）：199 – 206.

［246］史丹，王俊杰. 基于生态足迹的中国生态压力与生态效率测度与评价 ［J］. 中国工业经济，2016（5）：5 – 21.

［247］胡萌，李坤，乔晗. 山东省能源消费强度变动的结构及效率效应 ［J］. 中国人口·资源与环境，2011，21（5）：164 – 169.

［248］Harring N，Jagers S C，Lofgren A. COVID-19：Large-scale collective action，government intervention，and the importance of trust ［J］. World Development，2021（138）：105236.

［249］赵勇，魏后凯. 政府干预、城市群空间功能分工与地区差距——兼论中国区域政策的有效性 ［J］. 管理世界，2015（8）：14 – 29，187.

［250］洪功翔，张兰婷，李伟军. 金融集聚对全要素生产率影响的区域异质性——基于动态面板模型的实证分析 ［J］. 经济经纬，2014，31（4）：7 – 12.

［251］蒋含明. 外商直接投资知识溢出、信息化水平与技术创新能力 ［J］. 江西财经大学学报，2019（1）：34 – 42.

[252] 储伊力，储节旺. 信息化与技术创新的关系研究——基于东中西三大区域的比较分析 [J]. 情报杂志，2016，35（7）：61 - 65，30.

[253] 韩先锋，惠宁，宋文飞. 信息化能提高中国工业部门技术创新效率吗？[J]. 中国工业经济，2014（12）：70 - 82.

[254] 湛泳，李珊. 金融发展、科技创新与智慧城市建设——基于信息化发展视角的分析 [J]. 财经研究，2016，42（2）：4 - 15.

[255] 黄群慧，余泳泽，张松林. 互联网发展与制造业生产率提升：内在机制与中国经验 [J]. 中国工业经济，2019（8）：5 - 23.

[256] 刘耀彬，袁华锡，王喆. 文化产业集聚对绿色经济效率的影响——基于动态面板模型的实证分析 [J]. 资源科学，2017，39（4）：747 - 755.

[257] 江曼琦，席强敏. 中国主要城市化地区测度——基于人口聚集视角 [J]. 中国社会科学，2015（8）：26 - 46，204 - 205.

[258] 万庆，吴传清，曾菊新. 中国城市群城市化效率及影响因素研究 [J]. 中国人口·资源与环境，2015，25（2）：66 - 74.

[259] 李存贵. 中国城镇化对环境污染的空间溢出与门槛效应研究 [J]. 生态经济，2021，37（3）：197 - 206.

[260] 张成，史丹，王俊杰. 中国碳生产率的潜在改进空间——基于外部环境和内部管理视角 [J]. 资源科学，2015，37（6）：1218 - 1229.

[261] 陈淑云，杨建坤. 人口集聚能促进区域技术创新吗——对2005—2014年省级面板数据的实证研究 [J]. 科技进步与对策，2017，34（5）：45 - 51.

[262] 陈心颖. 人口集聚对区域劳动生产率的异质性影响 [J]. 人口研究，2015，39（1）：85 - 95.

[263] 王永进，张国峰. 人口集聚、沟通外部性与企业自主创新 [J]. 财贸经济，2015（5）：132 - 146.

[264] 许庆明，胡晨光，刘道学. 城市群人口集聚梯度与产业结构优化升级——中国长三角地区与日本、韩国的比较 [J]. 中国人口科学，

2015（1）：29 – 37，126.

[265] 邱立新，周家萌. 浙江省县域尺度生态效率的时空分异及影响因素 [J]. 华东经济管理，2020，34（10）：11 – 20.

[266] 查建平. 环境规制与工业经济增长模式——基于经济增长分解视角的实证研究 [J]. 产业经济研究，2015（3）：92 – 101.

[267] 黄清煌，高明. 环境规制对经济增长的数量和质量效应——基于联立方程的检验 [J]. 经济学家，2016（4）：53 – 62.

[268] 景维民，张璐. 环境管制、对外开放与中国工业的绿色技术进步 [J]. 经济研究，2014，49（9）：34 – 47.

[269] 徐建中，王曼曼. 绿色技术创新、环境规制与能源强度——基于中国制造业的实证分析 [J]. 科学学研究，2018，36（4）：744 – 753.

[270] 吴明琴，周诗敏，陈家昌. 环境规制与经济增长可以双赢吗——基于我国"两控区"的实证研究 [J]. 当代经济科学，2016，38（6）：44 – 54，124.

[271] 王洪庆. 人力资本视角下环境规制对经济增长的门槛效应研究 [J]. 中国软科学，2016（6）：52 – 61.

[272] 李强. 全面对外开放与中国经济发展：改善分配还是促进增长 [J]. 经济问题探索，2019（4）：27 – 35，58.

[273] 沈国云. 外商直接投资、对外开放与经济增长质量——基于中国汽车产业的经验实证 [J]. 经济问题探索，2017（10）：113 – 122.

[274] 孙瑾，刘文革，周钰迪. 中国对外开放、产业结构与绿色经济增长——基于省际面板数据的实证检验 [J]. 管理世界，2014（6）：172 – 173.

[275] 吴传清，邓明亮. 科技创新、对外开放与长江经济带高质量发展 [J]. 科技进步与对策，2019，36（3）：33 – 41.

[276] 童健，刘伟，薛景. 环境规制、要素投入结构与工业行业转型升级 [J]. 经济研究，2016，51（7）：43 – 57.

[277] 郭丕斌，王婷. 能源技术创新促进煤炭资源型经济转型的作用机制分析 [J]. 重庆大学学报（社会科学版），2013，19（6）：36 – 41.

［278］Weber M, Barth V, Hasselmann K. A multi-actor dynamic integrated assessment model（MADIAM）of induced technological change and sustainable economic growth［J］. Ecological Economics, 2005, 54（2 – 3）: 306 – 327.

［279］林承亮, 许为民. 技术外部性下创新补贴最优方式研究［J］. 科学学研究, 2012, 30（5）: 766 – 772, 781.

［280］李志斌, 高原, 温璐歌, 等. 中国制造业技术外部性来源——基于地级市的多产业分析［J］. 经济问题探索, 2020（4）: 27 – 34.

［281］徐乐, 赵领娣. 重点产业政策的新能源技术创新效应研究［J］. 资源科学, 2019, 41（1）: 113 – 131.

［282］Li D, Gao M, Hou W X, et al. A modified and improved method to measure economy-wide carbon rebound effects based on the PDA-MMI approach［J］. Energy Policy, 2020（147）: 111862.

［283］廖文龙, 董新凯, 翁鸣, 等. 市场型环境规制的经济效应: 碳排放交易、绿色创新与绿色经济增长［J］. 中国软科学, 2020（6）: 159 – 173.

［284］Kireev N V, Filichkina D A. The problems of legal regulation of innovations in the field of energy-saving technologies in terms of economic security of Russia［J］. Legal Science and Practice-Bulletin of Nizhniy Novgorod Academy of the Ministry If the Interior of Russia, 2015, 30（2）: 115 – 120.

［285］张战仁, 方文君. 信息成本、集聚经济与新晋对外投资企业区位［J］. 世界经济研究, 2015（12）: 112 – 123, 126.

［286］Bai C Q, Feng C, Du K R, et al. Understanding spatial-temporal evolution of renewable energy technology innovation in China: Evidence from convergence analysis［J］. Energy Policy, 2020（143）: 111570.

［287］Wang Z L, Zhu Y F. Do energy technology innovations contribute to CO_2 emissions abatement? A spatial perspective［J］. Science of the Total Environment, 2020（726）: 138574.

［288］Perroux F. Economic space: theory and applications［J］. The

Quarterly Journal of Economics，1950，64（1）：89－104.

［289］白俊红，蒋伏心. 协同创新、空间关联与区域创新绩效［J］. 经济研究，2015，50（7）：174－187.

［290］陈阳，唐晓华. 制造业集聚和城市规模对城市绿色全要素生产率的协同效应研究［J］. 南方经济，2019（3）：71－89.

［291］黄德春，徐慎晖. 新常态下长江经济带的金融集聚对经济增长的影响研究——基于市级面板数据的空间计量分析［J］. 经济问题探索，2016（10）：160－167.

［292］李晓龙，冉光和，郑威. 金融发展、空间关联与区域创新产出［J］. 研究与发展管理，2017，29（1）：55－64.

［293］胡鞍钢，王磊. 中国转型期的社会不稳定与社会治理［C］//中国科学院——清华大学国情研究中心. 国情报告（第八卷 2005 年（下））. 党建读物出版社，2012：246－405.

［294］鲍云樵. 近30年中国能源政策研究的回顾与评介［J］. 中外能源，2009，14（12）：1－7.

［295］林伯强，孙传旺，姚昕. 中国经济变革与能源和环境政策——首届中国能源与环境经济学者论坛综述［J］. 经济研究，2017，52（9）：198－203.

［296］吴萱. 电力行业节能减排政策及技术浅析［J］. 环境保护与循环经济，2008（3）：23－24.

［297］Zeng M，Liu X，Li N，et al. Overall review of renewable energy tariff policy in China：Evolution，implementation，problems and countermeasures［J］. Renewable & Sustainable Energy Reviews，2013，25（2）：60－71.

［298］彭月兰，迟美青. 中国节能政策对能源效率提高的影响——基于省际面板数据的实证分析［J］. 生态经济，2015，31（6）：14－18.

［299］程时雄，柳剑平. 中国节能政策的经济增长效应与最优节能路径选择［J］. 资源科学，2014，36（12）：2549－2559.

［300］郭晓丹，闫静静，毕鲁光. 中国可再生能源政策的区域解构、

有效性与改进 [J]. 经济社会体制比较, 2014 (6): 176 – 187.

[301] 朱四海. 中国农村能源政策: 回顾与展望 [J]. 农业经济问题, 2007 (9): 20 – 25.

[302] Graham G A, Brandon O. Optimizing the level of renewable electric R&D expenditures using real options analysis [J]. Energy Policy, 2003, 31 (15): 1589 – 1608.

[303] 严静, 张群洪. 中国可再生能源电价补贴及对宏观经济的影响 [J]. 统计与信息论坛, 2014, 29 (10): 46 – 51.

[304] Kebede B. Energy subsidies and costs in urban Ethiopia: The cases of kerosene and electricity [J]. Renewable Energy, 2006, 31 (13): 2140 – 2151.

[305] Clements B, Jung H S, Gupta S J T D E. Real and distributive effects of petroleum price liberalization: The case of Indonesia [J]. The Developing Economies, 2007, 45 (2): 220 – 237.

[306] 魏巍贤. 基于CGE模型的中国能源环境政策分析 [J]. 统计研究, 2009, 26 (7): 3 – 13.

[307] 朱小会, 陆远权. 环境财税政策的治污效应研究——基于区域和门槛效应视角 [J]. 中国人口·资源与环境, 2017, 27 (1): 83 – 90.

[308] Galinato G I, Yoder J K. An integrated tax-subsidy policy for carbon emission reduction [J]. Resource and Energy Economics, 2010, 32 (3): 310 – 26.

[309] 周晟吕, 石敏俊, 李娜, 等. 碳税对于发展非化石能源的作用——基于能源—环境—经济模型的分 [J]. 自然资源学报, 2012, 27 (7): 1101 – 1111.

[310] Treffers D J, Faaij A P C, Spakman J, et al. Exploring the possibilities for setting up sustainable energy systems for the long term: Two visions for the Dutch energy system in 2050 [J]. Energy Policy, 2005, 33 (13): 1723 – 1743.

［311］Zhou N, Levine M D, Price L. Overview of current energy-efficiency policies in China ［J］. Energy Policy, 2010, 38 (11)：6439 – 6452.

［312］申萌. 我国工业部门节能政策效应研究 ［J］. 中州学刊, 2016 (11)：29 – 34.

［313］刘尚希, 石英华, 武靖州. 制度主义公共债务管理模式的失灵——基于公共风险视角的反思 ［J］. 管理世界, 2017 (1)：5 – 16.

［314］沈炳盛, 于阳. 财政节能环保支出与经济增长的实证研究——基于省际面板数据 ［J］. 河北地质大学学报, 2018, 41 (3)：68 – 73.

［315］涂正革, 谌仁俊. 排污权交易机制在中国能否实现波特效应? ［J］. 经济研究, 2015, 50 (7)：160 – 173.

［316］毛晖, 汪莉, 杨志倩. 经济增长、污染排放与环境治理投资 ［J］. 中南财经政法大学学报, 2013 (5)：73 – 79, 159.

［317］禹买. 节能环保支出规模对环境污染影响的实证分析——基于贵州省 2007—2017 年省级数据 ［J］. 生产力研究, 2020 (3)：98 – 101.

［318］王亚菲. 公共财政环保投入对环境污染的影响分析 ［J］. 财政研究, 2011 (2)：38 – 42.

［319］王冰. 山东省环保财政支出效率评价体系构建 ［J］. 地方财政研究, 2012 (10)：46 – 48, 59.

［320］Halkos G E, Paizanos E A. The effect of government expenditure on the environment：An empirical investigation ［J］. Ecological Economics, 2013 (91)：48 – 56.

［321］丁莹. 节能环保支出政策效应研究 ［D］. 长春：吉林大学, 2020.

［322］李志美, 雷良海. 地方政府节能环保支出环境效应研究 ［J］. 北京邮电大学学报（社会科学版）, 2018, 20 (6)：89 – 96.

［323］王鹏, 谢丽文. 污染治理投资、企业技术创新与污染治理效率 ［J］. 中国人口·资源与环境, 2014, 24 (9)：51 – 58.

［324］郭超英. 我国新能源产业发展政策研究 ［D］. 成都：西南石

油大学，2011.

[325] González P D R. Ten years of renewable electricity policies in Spain：An analysis of successive feed-in tariff reforms [J]. Energy Policy，2008，36（8）：2917 - 2929.

[326] Bolinger M，Wiser R. Wind power price trends in the United States：Struggling to remain competitive in the face of strong growth [J]. Energy Policy，2009，37（3）：1061 - 1071.

[327] 郭正卿. 21 世纪日本新能源战略及对中国的启示 [D]. 太原：山西大学，2014.

[328] Irnea. Renewable energy and jobs annual review 2020 [J]. AbuDhabi：International Renewable Energy Agency，2020.

[329] 王革华. 新能源：人类的必然选择 [M]. 北京：化学工业出版社，2010.

[330] 任东明. 中国可再生能源配额制和实施对策探讨 [J]. 电力系统自动化，2011，35（22）：25 - 28.

[331] 苏屹，于跃奇. 基于加速遗传算法投影寻踪模型的企业可持续发展能力评价研究 [J]. 运筹与管理，2018，27（5）：130 - 139.

[332] 曹霞，于娟. 绿色低碳视角下中国区域创新效率研究 [J]. 中国人口·资源与环境，2015，25（5）：10 - 19.

[333] 叶裕民. 全国及各省区市全要素生产率的计算和分析 [J]. 经济学家，2002（3）：115 - 121.

[334] 常新锋，管鑫. 新型城镇化进程中长三角城市群生态效率的时空演变及影响因素 [J]. 经济地理，2020，40（3）：185 - 195.